Verfassungsmäßigkeit und Zukunft
des Solidaritätszuschlags

Europäische Hochschulschriften Recht

European University Studies in Law

Publications Universitaires Européennes de Droit

Band/Volume 6114

Christian Frank

Verfassungsmäßigkeit und Zukunft des Solidaritätszuschlags

Eine Untersuchung der finanzverfassungsrechtlichen Voraussetzungen zur Erhebung einer Ergänzungsabgabe im Sinne des Art. 106 Abs. 1 Nr. 6 GG

PETER LANG

Bibliografische Information der Deutschen Nationalbibliothek
Die Deutsche Nationalbibliothek verzeichnet diese Publikation in der Deutschen Nationalbibliografie; detaillierte bibliografische Daten sind im Internet über http://dnb.d-nb.de abrufbar.

Zugl.: Siegen, Univ., Diss., 2019

D 467
ISSN 0531-7312
ISBN 978-3-631-79175-2 (Print)
E-ISBN 978-3-631-80118-5 (E-PDF)
E-ISBN 978-3-631-80119-2 (EPUB)
E-ISBN 978-3-631-80120-8 (MOBI)
DOI 10.3726/b16096

Peter Lang – Berlin · Bern · Bruxelles · New York · Oxford · Warszawa · Wien

Diese Publikation wurde begutachtet.

www.peterlang.com

Danksagung

Die vorliegende Schrift wurde im Wintersemester 2018/19 von der Fakultät Wirtschaftswissenschaften, Wirtschaftsinformatik und Wirtschaftsrecht der Universität Siegen als Dissertation angenommen.

Mein ganz herzlicher Dank gilt meinem Betreuer und Erstgutachter Prof. Dr. Gerd Morgenthaler für seine wertvolle Unterstützung und hilfreichen Anmerkungen. Ebenso bedanken möchte ich mich bei meinem Zweitgutachter Prof. Dr. Rainer Schröder. Ein ganz besonderer Dank gebührt zudem auch Prof. Dr. Thomas Koblenzer, der mein Interesse am Verfassungs- und Steuerrecht stets gefördert und gefordert hat und mir im Rahmen meiner Tätigkeit genügend Freiräume zum Verfassen dieser Schrift geschaffen hat.

Ganz besonders bedanken möchte ich mich auch bei meinen Eltern, meiner Familie und meinen Freunden, die mein Vorhaben immer unterstützt haben. Hervorzuheben ist hierbei natürlich meine Frau Annika, die die Entstehung dieser Schrift in allen Phasen begleitet hat. Ohne ihre Unterstützung könnte die Arbeit nicht in dieser Form vorliegen.

Dortmund, im April 2019
Christian Frank

Inhaltsverzeichnis

Literaturverzeichnis

AfD, Wahlprogramm zur Bundestagswahl 2017, Programm für Deutschland, https://www.afd.de/wp-content/uploads/sites/111/2017/06/2017-06-01_AfD-Bundestagswahlprogramm_Onlinefassung.pdf, letzter Aufruf April 2019

Bartone, Roberto, Gedanken zur Verfassungsmäßigkeit von Ergänzungsabgaben im Sinne von Art. 106 Abs. 1 Nr. 6 GG, in: Jochum, Heike / Elicker, Michael / Lampert, Steffen / Bartone, Roberto (Hrsg.), Freiheit, Gleichheit, Eigentum – Öffentliche Finanzen und Abgaben, Festschrift für Rudolf Wendt zum 70. Geburtstag, Berlin 2015, S. 739–763 (zit.: *Bartone,* Ergänzungsabgabe)

Bartone, Roberto, Verfassungsmäßigkeit des Solidaritätszuschlagsgesetzes für den Veranlagungszeitraum 2005 – Anmerkung zu FG München 2. Senat, Urteil vom 18.08.2009 – 2 K 108/08, jurisPR-SteuerR 47/2009, Anm. 6 (zit.: *Bartone,* Solidaritätszuschlag)

Birk, Dieter, Kommentar zu BVerfG, Beschluss v. 08.09.2010, 2 BvL 3/10, in: Finanz-Rundschau 2010, S. 999–1003

Bündnis 90/Die Grünen, Beschluss der 40. Ordentlichen Bundesdelegiertenkonferenz, Wir investieren in Gerechtigkeit, https://cms.gruene.de/uploads/documents/SO-01_Wir_investieren_in_Gerechtigkeit-1.pdf, letzter Aufruf April 2019 (zit.: Bündnis 90/Die Grünen, Beschluss)

Bündnis 90/Die Grünen, Wahlprogramm zur Bundestagswahl 2017, Zukunft wird aus Mut gemacht, https://cms.gruene.de/uploads/documents/BUENDNIS_90_DIE_GRUENEN_Bundestagswahlprogramm_2017_barrierefrei.pdf, letzter Aufruf April 2019 (zit.: Bündnis 90/Die Grünen, Wahlprogramm)

CDU / CSU, Für ein Deutschland, in dem wir gut und gerne leben. Regierungsprogramm 2017–2021, https://www.cdu.de/system/tdf/media/dokumente/170703regierungsprogramm2017.pdf?file=1&type=field_collection_item&id=9932, letzter Aufruf April 2019

CDU / CSU / SPD, Ein neuer Aufbruch für Europa – Eine neue Dynamik für Deutschland – Ein neuer Zusammenhalt für unser Land, Koalitionsvertrag zwischen CDU, CSU und SPD, 19. Legislaturperiode, https://www.cdu.de/system/tdf/media/dokumente/koalitionsvertrag_2018.pdf?file=1, letzter Aufruf April 2019

Die Linke, Wahlprogramm zur Bundestagswahl 2017, Die Zukunft für die wir kämpfen: SOZIAL. GERECHT. FRIEDEN. FÜR ALLE., https://www.die-linke.de/fileadmin/download/wahlen2017/wahlprogramm2017/die_linke_wahlprogramm_2017.pdf, letzter Aufruf April 2019

Dötsch, Ewald / Pung, Alexandra / Möhlenbrock, Rolf, Die Körperschaftsteuer, Kommentar zum Körperschaftsteuergesetz, zum Umwandlungssteuergesetz und zu den einkommensteuerrechtlichen Vorschriften der Anteilseignerbesteuerung, Loseblattsammlung, Stuttgart, Stand: 92. EL März 2018 (zit.: *Bearbeiter*, in: Dötsch/Pung/Möhlenbrock)

Epping, Volker / Hillgruber, Christian (Hrsg.), Beck'scher Online-Kommentar Grundgesetz, München, 36. Edition, Stand: 15.02.2018 (zit.: *Bearbeiter*, in: Epping/Hillgruber)

FAZ, Ramelow fordert „Flüchtlings-Soli" für Integration, 27.11.2015, http://www.faz.net/aktuell/politik/fluechtlingskrise/fluechtlingskrise-ramelow-fordert-fluechtlings-soli-fuer-integration-13935442.html, letzter Aufruf April 2019

FDP, Bürgerprogramm 2013–Damit Deutschland stark bleibt, https://www.fdp.de/sites/default/files/uploads/2016/01/25/brgerprogramma5online2013-07-23.pdf, letzter Aufruf April 2019 (zit.: FDP, Bürgerprogramm)

FDP, Wahlprogramm zur Bundestagswahl 2017, Schauen wir nicht länger zu, https://www.fdp.de/content/beschluss-des-68-ord-bundesparteitages-schauen-wir-nicht-laenger-zu, letzter Aufruf April 2019 (zit.: FDP, Wahlprogramm)

Fischer-Menshausen, Herbert, Das Finanzverfassungsgesetz, in: Die Öffentliche Verwaltung 1956, S. 161–171

Focus, CDU-Regierungschef will „Infrastruktur-Soli", 14.10.2013, http://www.focus.de/politik/deutschland/focussiert-cdu-regierungschef-will-infrastruktur-soli_aid_1127666.html, letzter Aufruf April 2019 (zit.: Focus v. 14.10.2013, Infrastruktursoli)

Focus, SPD will von Gutverdienern „Bildungssoli" kassieren, 09.03.2009, http://www.focus.de/politik/deutschland/wahlprogramm-spd-will-von-gutverdienern-bildungssoli-kassieren_aid_378606.html, letzter Aufruf April 2019 (zit.: Focus v. 09.03.2009, Bildungssoli)

Frotscher, Gerrit / Geurts, Matthias (Hrsg.), EStG Kommentar, Loseblattsammlung, Freiburg, Stand: 204. EL April 2018 (*Bearbeiter*, in: Frotscher/Geurts)

Fuest, Clemens, Soli wegen Griechenland auf 8 Prozent erhöhen, FAZ v. 16.07.2015, http://www.faz.net/aktuell/wirtschaft/eurokrise/griechenland/steuern-in-deutschland-wegen-griechenland-erhoehen-13704731.html, letzter Aufruf April 2019 (zit.: *Fuest*, FAZ v. 16.07.2015)

Gutachten der Steuerreformkommission 1971, Schriftenreihe des Bundesministeriums für Finanzen, Heft 17, Bonn 1971

Haas, Wolfgang / Wünnemann, Monika, Steuerpolitik in der 19. Legislaturperiode – Globaler Steuerwettbewerb ist Anlass für notwendige Strukturreformen, in: Deutsches Steuerrecht 2018, S. 377–383

Hebeler, Timo, Ist der Gesetzgeber verfassungsrechtlich verpflichtet, Gesetze zu begründen? – Grundsätzliche Überlegungen anlässlich des Bundesverfassungsgerichtsurteils zur Leistungsgestaltung im SGB II, in: Die Öffentliche Verwaltung 2010, S. 754–762

Heckt, Wilhelm, Die Entwicklung des bundesstaatlichen Finanzausgleichs in der Bundesrepublik Deutschland, Institut Finanzen und Steuern, Heft 103, Bonn 1973

Herrmann, Carl / Heuer, Gerhard / Raupach, Arndt, Hey, Johanna / Wendt, Michael (Hrsg.), Einkommen- und Körperschaftsteuer Kommentar, Loseblattsammlung, Köln, Stand: 283. EL Februar 2018 (zit.: *Bearbeiter*, in: Herrmann/Heuer/Raupach)

Heuermann, Bernd / Brandis, Peter (Hrsg.), Blümich Einkommensteuergesetz Körperschaftsteuergesetz Gewerbesteuergesetz, Kommentar, Loseblattsammlung, München, Stand: 141. EL März 2018 (zit.: *Bearbeiter*, in: Blümich)

Hidien, Jürgen / Tehler, Thomas, BVerfG: Richtervorlage zur Verfassungswidrigkeit des Solidaritätszuschlags unzulässig, in: Steuerberaterwoche 2010, S. 993–995 (zit.: *Hidien/Tehler*, Richtervorlage unzulässig)

Hidien, Jürgen / Tehler, Thomas, Zur Verfassungsmäßigkeit des Solidaritätszuschlags – Anmerkung zum Vorlagebeschluss des Niedersächsischen FG, in: Steuerberaterwoche 2010, S. 458–462 (zit.: *Hidien/Tehler*, Vorlagebeschluss)

Hilgers, Dennis / Holly, Isabelle, Die Verfassungskonformität des Solidaritätszuschlags, in: Der Betrieb 2010, S. 1419–1422

Hinnedahl, Jürgen, Die Steuerverteilung zwischen Bund und Ländern in der Bundesrepublik Deutschland – Die Notwendigkeit einer erneuten Reform, Baden-Baden 1974

Institut Finanzen und Steuern, Die Ergänzungsabgabe – Wesen, Kritik und verfassungsrechtliche Zweifel, Brief Nr. 93, Bonn 1967 (zit.: *IFSt*, Ergänzungsabgabe)

Institut Finanzen und Steuern, Die große Finanzreform, Heft 80, Bonn 1966 (zit.: *IFSt*, Finanzreform)

Isensee, Josef, Steuerstaat als Staatsform, in: Stödter, Rolf / Thieme, Werner (Hrsg.), Hamburg Deutschland Europa – Beiträge zum deutschen und europäischen Verfassungs-, Verwaltungs- und Wirtschaftsrecht, Festschrift für Hans Peter Ipsen zum siebzigsten Geburtstag, Tübingen 1977, S. 409–436

Kahl, Wolfgang / Waldhoff, Christian / Walter, Christian (Hrsg.), Bonner Kommentar zum Grundgesetz, Loseblattsammlung, Heidelberg, Stand: 189. EL Februar 2018 (zit.: *Bearbeiter*, in: Bonner Kommentar)

Kanzler, Hans-Joachim, Auf dem Weg zum permanenten Solidaritätszuschlag? – Kommentar zu BFH, Urteil v. 21.07.2010, II R 52/10, in: Finanz-Rundschau 2011, S. 896–902 (zit.: *Kanzler*, Permanenter Solidaritätszuschlag)

Kanzler, Hans-Joachim, Der immerwährende Solidaritätszuschlag und das Bundesverfassungsgericht, in: NWB 2010, S. 2203–2204 (zit.: *Kanzler*, Der immerwährende Solidaritätszuschlag)

Kirchhof, Paul (Hrsg.), Einkommensteuergesetz Kommentar, 17. Aufl., Köln 2018 (zit.: *Bearbeiter*, in: Kirchhof)

Klein, Franz, Die Ergänzungsabgabe nach Art. 106 Abs. 1 Nr. 6 GG – ihre Zulässigkeit und ihre Grenzen, in: Der Betrieb 1981, S. 1743–1747

Koblenzer, Thomas / Günther, Carina, Abgabenrechtliche Qualifizierung des neuen Rundfunkbeitrags und finanzverfassungsrechtliche Konsequenzen, www.handelsblatt.com/downloads/7971384/4/gutachten_koblenzer.pdf, letzter Aufruf April 2019

Korioth, Stefan, Der Finanzausgleich zwischen Bund und Ländern, Tübingen 1997, zugl. Habil.-Schr. Univ. Bonn 1995/96

Kruis, Konrad, Finanzautonomie und Demokratie im Bundesstaat, in: Die Öffentliche Verwaltung 2003, S. 10–16

Kube, Hanno, Verfassungsrechtliche Problematik der fortgesetzten Erhebung des Solidaritätszuschlags, Rechtsgutachten erstattet im Auftrag der Initiative Neue Soziale Marktwirtschaft (INSM), Heidelberg 2017, https://www.insm.de/fileadmin/insm-dms/text/presse/pressemeldungen/2017/170630_Kube_Gutachten-Solidaritaetszuschlag.pdf, letzter Aufruf April 2019 (zit.: *Kube*, Fortgesetzte Erhebung)

Kube, Hanno, Verfassungsrechtliche Würdigung der koalitionsvertraglichen Aussagen zum Solidaritätszuschlag, Kurzgutachten erstattet im Auftrag der Initiative Neue Soziale Markwirtschaft (INSM), Heidelberg 2018, https://www.insm.de/fileadmin/insm-dms/text/steuern-finanzen/Gutachten-Kube-zum-Solidaritaetszuschlag.pdf, letzter Aufruf April 2019 (zit.: *Kube*, Koalitionsvertragliche Aussagen)

Lippross, Otto-Gerd / Seibel, Wolfgang (Hrsg.), Basiskommentar Steuerrecht, Loseblattsammlung, Köln, Stand: 107. EL April 2018 (zit.: *Bearbeiter*, in: Lippross/Seibel)

Maunz, Theodor / Dürig, Günter (Hrsg.), Grundgesetz Loseblatt-Kommentar, München, Stand: 81. EL September 2017 (zit.: *Bearbeiter*, in: Maunz/Dürig)

Meßbacher-Hönsch, Christine, Verfassungsmäßigkeit des Solidaritätszuschlags – Anmerkung zu BFH, Urteil v. 21.07.2011, II R 52/10, in: Höchstrichterliche Finanzrechtsprechung 2011, S. 1006–1011

Münch, Ingo von / Kunig, Philip (Hrsg.), Grundgesetz-Kommentar, Band 2 Art. 70–146, 6. Aufl., München 2012 (zit.: *Bearbeiter,* in: v. Münch/Kunig)

Neukamm, Erich, Der vertikale bundesstaatliche Finanzausgleich seit 1871 im Widerstreit von Verfassungsrecht und Wirklichkeit, München 1966, zugl. Diss. Univ. Tübingen 1966

Pagenkopf, Hans, Der Finanzausgleich im Bundesstaat – Theorie und Praxis, Stuttgart / Berlin / Köln / Mainz, 1981

Popitz, Johannes, Der Finanzausgleich, in: Gerloff, Wilhelm / Meisel, Franz (Hrsg.), Handbuch der Finanzwissenschaften, 2. Band, Tübingen 1927, S. 338–375

Rama, Carolin, Der Solidaritätszuschlag – eine Übergangslösung ohne Ende?, in: Deutsche Verwaltungspraxis 2018, S. 23–29

Reissert, Bernd, Die Ergänzungsabgabe: Ein Instrument zur Finanzierung beschäftigungspolitischer Maßnahmen?, in: Wirtschaftsdienst 1982, S. 98–104

Renzsch, Wolfang, Finanzverfassung und Finanzausgleich – Die Auseinandersetzungen um ihre politische Gestaltung in der Bundesrepublik Deutschland zwischen Währungsreform und deutscher Vereinigung (1948 bis 1990), Bonn 1991, zugl. Habil.-Schr. Univ. Göttingen 1991

Rixecker, Roland, Müssen Gesetze begründet werden, in: Jung, Heike / Neumann, Ulfrid (Hrsg.), Rechtsbegründung – Rechtsbegründungen – Günter Ellscheid zum 65. Geburtstag, Baden-Baden 1999, S. 126–134

Rohde, Andreas / Geschwandtner, Marcus, Ist das Solidaritätszuschlaggesetz 1995 verfassungswidrig?, in: Neue Juristische Wochenschrift 2006, S. 3332–3335

Sachs, Michael (Hrsg.), Grundgesetz, Kommentar, 7. Aufl., München 2014 (zit.: *Bearbeiter,* in: Sachs)

Schemmel, Lothar, Verfassungswidriger Solidaritätszuschlag – Unzumutbar und unzulässig, Karl-Bräuer-Institut des Bundes der Steuerzahler e.V., Heft 102, Berlin 2008

Schmidt, Torsten, Finanzreformen in der Bundesrepublik Deutschland – Analyse der Veränderungen der Finanzverfassung von 1949 bis 1989, Berlin 2001, zugl. Diss. Univ. Zürich 2000

Schulemann, Olaf, Der umstrittene Solidaritätszuschlag – Mythen und Fakten, Karl-Bräuer-Institut des Bundes für Steuerzahler e.V., Sonderinformation 62, Berlin 2010

Schmidt-Bleibtreu, Bruno / Hofmann, Hans / Hopfauf, Axel (Hrsg.), GG – Kommentar zum Grundgesetz, 14. Aufl., Köln, München 2018 (zit.: *Bearbeiter,* in: Schmidt-Bleibtreu/Hofmann/Hopfauf)

Schneider, Hans-Peter, Der neue deutsche Bundesstaat – Bericht über die Umsetzung der Föderalismusreform I, Baden-Baden 2013

Selmer, Peter, Finanzverfassungsrecht: Ergänzungsabgabe, Juristische Schulung 2011, S. 381–383 (zit.: *Selmer*, Ergänzungsabgabe)

Selmer, Peter, Zur Verfassungsmäßigkeit der sog. ökologischen Steuerreform und ihrer Durchbrechungen, Anmerkung zu BVerfG, Urteil v. 20.04.2004, 1 BvR 1748/99 und 1 BvR 905/00, in: Juristische Schulung 2004, S. 813–815 (zit.: *Selmer*, Ökologische Steuerreform)

Selmer, Peter / Hummel, Lars, Der Solidaritätszuschlag – Eine unendliche Geschichte, in: Junkernheinrich, Martin / Korioth, Stefan / Lenk, Thomas / Scheller, Henrik / Woisin, Matthias (Hrsg.), Jahrbuch für öffentliche Finanzen 2013, Berlin 2013, S. 365–385

SPD, Zeit für mehr Gerechtigkeit. Unser Regierungsprogramm für Deutschland., https://www.spd.de/fileadmin/Dokumente/Regierungsprogramm/SPD_Regierungsprogramm_BTW_2017_A5_RZ_WEB.pdf, letzter Aufruf April 2019

Spiegel, Grüne fordern Bildungssoli, v. 13.06.2008, http://www.spiegel.de/lebenundlernen/job/schulpolitik-gruene-fordern-bildungssoli-a-559422.html, letzter Aufruf April 2019

Strauß, Franz Josef, Die Finanzverfassung, München 1969

Strickrodt, Georg, Die Ergänzungsabgabe im Rahmen des deutschen Finanzsystems, in: Deutsches Steuerrecht 1970, S. 482–484

Strickrodt, Georg / Wöhe, Günter / Flämig, Christian / Felix, Günther / Sebiger, Heinz (Hrsg.), Handwörterbuch des Steuerrechts unter Einschluß von Betriebswirtschaftlicher Steuerlehre, Finanzrecht, Finanzwissenschaft, Erster Band A – J, 2. Aufl., München und Bonn 1981 (zit.: *Bearbeiter*, in: Handwörterbuch des Steuerrechts)

Tipke, Klaus / Kruse, Heinrich Wilhelm, Abgabenordnung – Finanzgerichtsordnung, Kommentar, Loseblattsammlung, Köln, Stand: 151. EL Februar 2018 (zit.: *Bearbeiter*, in: Tipke/Kruse)

Tipke, Klaus / Lang, Joachim, Steuerrecht, 23. Aufl., Köln 2018 (zit.: *Bearbeiter*, in: Tipke/Lang)

Waldhoff, Christian, Die Zwecksteuer – Verfassungsrechtliche Grenzen der rechtlichen Bindung des Aufkommens von Abgaben, in: Steuer und Wirtschaft 2002, S. 285–313

Wendt, Rudolf, Finanzverfassung im Spannungsfeld zwischen Zentralstaat und Gliedstaaten – Ausgewogene Aufgaben-, Lasten- und Einnahmenverteilung als Grundbedingung eines funktionierenden Föderalismus, in: Pommerehne,

Werner W. / Ress, Georg, Finanzverfassung im Spannungsfeld zwischen Zentralstaat und Gliedstaaten, Baden-Baden 1996, S. 17–33

Wernsmann, Rainer, Teilabschaffung des Solidaritätszuschlags verfassungsgemäß?, in: Neue Juristische Wochenschrift 2018, S. 916–918

Wissenschaftlicher Beirat Steuern der Ernst & Young GmbH, Verfassungskonformität und Zukunft des Solidaritätszuschlags – auch unter Berücksichtigung der Diskussion um den Abbau der kalten Progression, in: Deutsches Steuerrecht 2014, S. 1309–1316 (zit.: *Wiss. Beirat EY*)

1. Kapitel: Einführung

A. Einleitung und Rechtfertigung des Themas

Seit seiner erstmaligen Einführung durch das Solidaritätszuschlagsgesetz 1991[1] ist der Solidaritätszuschlag – neben der konstant auftretenden politischen Diskussion[2] – immer wieder Gegenstand finanzgerichtlicher[3] und bundesverfassungsgerichtlicher[4] Streitigkeiten. Sowohl der Bundesfinanzhof als auch das Bundesverfassungsgericht verneinen jedoch stets eine Verfassungswidrigkeit des Solidaritätszuschlags und auch die Finanzgerichte vertreten mehrheitlich diese Auffassung[5]. Diese Rechtsprechung geht im Kern auf den Beschluss des Bundesverfassungsgerichts zur Ergänzungsabgabe zurück, in dem es die von 1968 bis 1974 (zur Einkommensteuer) bzw. 1977 (zur Körperschaftsteuer) erhobene Ergänzungsabgabe[6] für verfassungsgemäß erklärt hatte[7]. Demgegenüber gibt es in der Literatur auch Stimmen, die die Verfassungsmäßigkeit des

---

1 Als Teil des Gesetzes zur Einführung eines befristeten Solidaritätszuschlags und zur Änderung von Verbrauchsteuern und anderen Gesetzen, in Kraft getreten am 28.06.1991, BGBl. I 1991, S. 1318.

2 So forderte etwa die FDP im Wahlkampf zur Bundestagswahl 2013 die schrittweise Abschaffung des Solidaritätszuschlags in der 18. Legislaturperiode, FDP, Bürgerprogramm, S. 11; Bündnis 90/Die Grünen wollen laut einem Beschluss zur Bundestagswahl 2017 den Solidaritätszuschlag auch nach 2019 weiterführen, Bündnis 90/Die Grünen, Beschluss, S. 7.

3 Für das SolZG 1991 siehe BFH, Urteil v. 25.06.1992, IV R 9/92, BStBl. II 1992, S. 702; für das SolZG 1995 siehe u.a. BFH, Beschluss v. 28.06.2006, VII B 324/05, BStBl. II 2006, S. 692; Urteil v. 21.07.2011, II R 52/10, BStBl. II 2012, S. 43.

4 Für das SolZG 1991 siehe BVerfG, Beschluss v. 19.11.1999, 2 BvR 1167/96, HFR 2000, S. 134; für das SolZG 1995 BVerfG, Beschluss v. 08.09.2010, 2 BvL 3/10, BFH/NV 2010, S. 2217.

5 Z.B. FG Köln, Urteil v. 14.01.2010, 13 K 1287/09, EFG 2010, S. 1063; FG Münster, Urteil v. 08.12.2009, 1 K 4077/08 E, DStRE 2011, S. 92; a.A. für den VZ 2007 Nds. FG, Beschluss v. 25.11.2009, 7 K 143/08, DStR 2010, S. 854; sowie der nochmalige Vorlagebeschluss im selben Verfahren v. 21.08.2013, DStRE 2014, S. 534.

6 Ergänzungsabgabegesetz, eingeführt in Art. 1 des Zweiten Steueränderungsgesetzes 1967 v. 21.12.1967, BGBl. I 1967 S. 1254; geändert durch Art. 2 des Steueränderungsgesetzes 1971 v. 23.12.1970, BGBl. I 1970, S. 1856. Die Ergänzungsabgabe zur Einkommensteuer wurde zum VZ 1975, die Ergänzungsabgabe zur Körperschaftsteuer zum VZ 1978 abgeschafft, siehe *Kube*, Fortgesetzte Erhebung, S. 2.

7 BVerfG, Beschluss v. 09.02.1972, 1 BvL 16/69, BVerfGE 32, S. 333.

Solidaritätszuschlags in einem oder mehreren Punkten bestreiten oder zumindest anzweifeln[8].

Die dort vorgebrachte Kritik beschäftigt sich hauptsächlich mit den auch im Beschluss des Bundesverfassungsgerichts angesprochenen Fragen nach der Notwendigkeit einer Befristung einer Ergänzungsabgabe oder einer Begrenzung der Höhe nach. Allerdings stützt sich die in Literatur und Rechtsprechung vorgebrachte Argumentation kaum auf grundlegende verfassungsrechtliche Überlegungen. Eine umfassende Untersuchung, insbesondere unter Betrachtung des historischen Kontexts der Einführung der Kompetenznorm des Art. 106 Abs. 1 Nr. 6 GG, steht noch aus.

Dabei hätte die aufgrund des Auslaufens des sog. „Solidarpakt II" in Form des Finanzausgleichsgesetzes (FAG) und des Maßstäbegesetzes zum 31.12.2019 notwendige Neuregelung des Länderfinanzausgleichs und die damit einhergehende Neuordnung der Finanzbeziehungen im Bundesstaat einen Anlass zur politischen Diskussion über die Zukunft des Solidaritätszuschlags bilden können. Politisch wäre es zudem wünschenswert gewesen, den Solidaritätszuschlag, der in der jetzigen Form im Veranlagungszeitraum 2018 seit mittlerweile 24 Jahren erhoben wird, im Rahmen des Bundestagswahlkampfs 2017 zu thematisieren. Zu beiden Gelegenheiten ist eine politische (und auch rechtswissenschaftliche) Diskussion über den Solidaritätszuschlag weitestgehend ausgeblieben[9]. Trotz des Ausbleibens einer Debatte über den Solidaritätszuschlag im Bundestagswahlkampf hat die sog. „Große Koalition" in ihrem Koalitionsvertrag die Abschaffung des Solidaritätszuschlags für 90 % der jetzigen Zahlungspflichtigen im Jahr 2021 und langfristig die vollständige Abschaffung vereinbart[10]. Die AfD hat sogar einen Antrag zur sofortigen und vollständigen Abschaffung[11] und einen korrespondierenden Gesetzesentwurf[12] in den Bundestag eingebracht. Aufgrund

8 Z.B. *Wiss. Beirat EY*, S. 1312f.; *Meßbacher-Hönsch*, S. 1011; *Selmer/Hummel*, S. 378; *Schemmel*, S. 11.

9 Im Bundestagswahlkampf 2017 sprach sich die FDP ausdrücklich für eine Abschaffung des Solidaritätszuschlags bis Ende 2019 aus, FDP, Wahlprogramm, S. 122, während CDU und CSU für eine schrittweise Abschaffung ab 2020 plädierten, CDU/CSU, S. 33. Die SPD forderte eine Abschaffung des Solidaritätszuschlags für untere und mittlere Einkommen ab 2020, SPD, S. 51. In den Wahlprogrammen der AfD, S. 49ff., der Partei Die Linke, S. 37ff. und von Bündnis 90/Die Grünen, Wahlprogramm, S. 193 finden sich keine Aussagen zur Zukunft des Solidaritätszuschlags.

10 CDU/CSU/SPD, S. 53f.

11 BT-Drs. 19/1126.

12 BT-Drs. 19/1157.

der politischen Situation ist jedoch davon auszugehen, dass dieser Antrag vom Bundestag abgelehnt wird.

Trotz dieser geplanten (Teil-)Abschaffung zwingt einerseits die lange Erhebungsdauer des Solidaritätszuschlags[13] sowie andererseits die Tatsache, dass die im Zuge des Auslaufens des bundesstaatlichen Finanzausgleichs[14] im Jahr 2019 notwendig gewordene Neuregelung der Bund-Länder-Finanzbeziehungen von der „finanzverfassungsrechtlichen Normallage“[15] und damit von keinem gesteigerten Finanzbedarf der „neuen“ im Vergleich zu den „alten“ Bundesländern ausgeht, zu einer verfassungsrechtlichen Überprüfung des Solidaritätszuschlags. Um eine solche Überprüfung vornehmen zu können, müssen zunächst unter besonderer Berücksichtigung der Systematik der Finanzverfassung und der Historie[16] des Instruments der Ergänzungsabgabe verfassungsrechtliche Voraussetzungen zur Erhebung von Ergänzungsabgaben herausgearbeitet werden.

B. Ziel der Arbeit und Abgrenzung des Themas

Ziel der Arbeit ist es daher, spezifisch finanzverfassungsrechtliche Voraussetzungen zur Erhebung einer Ergänzungsabgabe herauszuarbeiten und anhand dieser Kriterien zu prüfen, ob der momentan erhobene Solidaritätszuschlag verfassungsgemäß ist. Dabei beschränkt sich die Betrachtung auf spezifisch finanzverfassungsrechtliche Vorgaben zur Erhebung, die sich konkret aus der Systematik und der Historie der Finanzverfassung sowie den Erwägungen des Verfassunggebers für die Ergänzungsabgabe ergeben[17].

C. Gang der Untersuchung

Das Bundesverfassungsgericht stellt für die Frage der Verfassungsmäßigkeit einer Ergänzungsabgabe in erster Linie auf die Systematik der Finanzverfassung

13 *Schulemann*, S. 1.

14 In Form des Finanzausgleichsgesetzes (FAG) und des Maßstäbegesetzes.

15 *Kube*, Fortgesetzte Erhebung, S. 2.

16 Auch *Kube* betont die Wichtigkeit einer „historischen Verfassungsinterpretation“, Fortgesetzte Erhebung, S. 22.

17 Demgemäß ist es nicht Thema der Arbeit, weitergehende verfassungsrechtliche Probleme bei der konkreten Ausgestaltung von Ergänzungsabgaben bzw. des Solidaritätszuschlags, wie etwa gleichheitsrechtliche Bedenken bei der Bemessungsgrundlage im Zusammenspiel mit § 35 EStG oder § 34c EStG bzw. § 26 KStG, zu behandeln. Diese grundrechtlichen Vorgaben gelten für die Ausgestaltung aller Steuergesetze gleichermaßen und sollen vorliegend nicht vertieft werden.

und die Gesetzesbegründung ab[18]. Hieran anknüpfend wird im Rahmen der vorliegenden Arbeit auf die grundsätzliche Funktion der Finanzverfassung und die spezifische Problemstellung ihrer Ausgestaltung im bundesstaatlichen System eingegangen (2. Kapitel). Zur finanzverfassungsrechtlichen Einordnung der Ergänzungsabgabe wird dort die historische Entwicklung der Finanzverfassung bis zur Einführung der Ergänzungsabgabe behandelt, um die Motive des Verfassunggebers nachvollziehen zu können, die zur Implementierung dieses Instruments geführt haben. Insofern wird zunächst zu zeigen sein, wie der Finanzausgleich im Bundesstaat in der ursprünglichen Fassung des Grundgesetzes ausgestaltet war und welche Auswirkungen dies auf die Finanzsituation des Bundes und der Länder hatte. Sodann wird auf die Finanzreform von 1955 eingegangen, durch die u.a. die Ergänzungsabgabe in der Finanzverfassung verankert wurde. Aus der Darstellung dieser historischen Entwicklung werden allgemeine Kriterien für die Auslegung des Art. 106 Abs. 1 Nr. 6 GG herausgearbeitet. Im Anschluss wird untersucht, ob sich aufgrund von bisherigen Änderungen der Finanzverfassung und der im Zuge des Auslaufens des Solidarpakts II vorgenommenen Reformen andere Motive für die Ergänzungsabgabe ergeben haben, die sich auf diese Auslegungskriterien auswirken.

Die konkrete Auslegung des Art. 106 Abs. 1 Nr. 6 GG und die Klärung verfassungsrechtlicher Voraussetzungen zur Erhebung einer Ergänzungsabgabe werden im 3. Kapitel vorgenommen. Es erfolgt eine umfassende Analyse der in Literatur und Rechtsprechung angesprochenen verfassungsrechtlichen Probleme der Ergänzungsabgabe sowie ihrer einfachgesetzlichen Ausgestaltungen. Zentrale These der vorliegenden Untersuchung ist, dass die Erhebung einer Ergänzungsabgabe in der Höhe und zeitlich beschränkt ist sowie eines Erhebungszwecks bedarf und mithin, im Gegensatz zur regulären Besteuerung aufgrund des herzuleitenden Ausnahmecharakters der Ergänzungsabgabe, bestimmten Einschränkungen unterliegt.

Das 4. Kapitel beschäftigt sich dann mit der Verfassungsmäßigkeit des Solidaritätszuschlags und mit in Literatur und Medien entworfenen Szenarien zur zukünftigen Fortführung dieser Steuer über die Neuordnung des bundesstaatlichen Finanzausgleichs durch die 2017 verabschiedeten Reformen hinaus. Zunächst wird der bestehende Solidaritätszuschlag anhand der herausgearbeiteten Erhebungsvoraussetzungen im Zeitpunkt der Einführung und während seiner Erhebungsdauer auf seine Verfassungsmäßigkeit hin überprüft. Daraufhin

18 BVerfG, Beschluss v. 09.02.1972, 1 BvL 16/69, BVerfGE 32, S. 333, 338.

werden Reformoptionen wie die Integration der bestehenden Abgabe in den Tarif der Einkommen- und Körperschaftsteuer sowie die Erhebung für andere Zwecke ebenfalls einer verfassungsrechtlichen Prüfung unterzogen. Die erarbeiteten Ergebnisse werden im 5. Kapitel noch einmal zusammengefasst.

2. Kapitel: Funktion der Finanzverfassung und historischer Kontext der Einführung der Ergänzungsabgabe in das Grundgesetz

Das Bundesverfassungsgericht stellt zur Überprüfung einfachgesetzlicher Ausgestaltungen der Ergänzungsabgabe vor allem auf die Systematik der Finanzverfassung und die Überlegungen des Verfassunggebers zur Einführung der Ergänzungsabgabe in das Grundgesetz ab[19]. Da die Ergänzungsabgabe im Rahmen der Finanzreform 1955 in das Grundgesetz aufgenommen wurde, wird im Folgenden die Entwicklung des bundesstaatlichen Finanzausgleichs in der Anfangszeit der Bundesrepublik dargestellt. Hierzu ist es zunächst notwendig, die grundsätzliche Funktion der Finanzverfassung und die insoweit besonderen Herausforderungen im Bundesstaat herauszuarbeiten. Daraufhin werden der bundesstaatliche Finanzausgleich des Grundgesetzes von 1949 und die Finanzreform von 1955 behandelt. Dort werden zunächst die grundsätzlichen Ziele und Änderungen der Finanzreform dargestellt, um anschließend auf die spezifischen Erwägungen zur Ergänzungsabgabe eingehen zu können.

A. Funktion der Finanzverfassung und besondere Problemstellung im Bundesstaat

Jedem Staat fallen in seiner Funktion öffentliche Aufgaben zu, die in der Regel mit Kosten verbunden sind. Der Steuerstaat bedient sich zur Finanzierung dieser Aufgaben typischerweise des Instruments der Steuer[20]. Die Verfügungsmöglichkeit über das Steueraufkommen versetzt den Steuerstaat überhaupt erst in die Lage, die ihm zufallenden öffentlichen Aufgaben wahrzunehmen[21]. Während im Einheitsstaat nur eine souveräne (zentrale) Staatsgewalt, in der Regel mit untergliederten, nichtsouveränen Gebietskörperschaften, existiert, die durch das Instrument der Steuern ihren Bedarf decken muss, besteht im Bundesstaat das besondere Problem darin, dass es neben dem Gesamtstaat auch (teil-)souveräne Gliedstaaten gibt, die ebenfalls einen eigenen Finanzbedarf, aber auch

---

19 BVerfG, Beschluss v. 09.02.1972, 1 BvL 16/69, BVerfGE 32, S. 333, 338.

20 Zum Konzept des Steuerstaats siehe *Isensee*, S. 409–436.

21 *Wendt*, S. 17.

eigene Finanzhoheitsrechte besitzen. Die Finanzverfassung, hier verstanden als die Gesamtheit der verfassungsrechtlichen Normen zur Regelung der Finanzhoheitsrechte in der Form von Gesetzgebungs- und Ertragshoheiten[22], steht deshalb im föderalen Bundesstaat vor der Aufgabe, den Finanzbedarf des Zentralstaats und der Gliedstaaten gleichberechtigt zu decken.

Gelingt diese gleichberechtigte Bedarfsdeckung nicht, ist eine bundesstaatliche Ebene unterfinanziert und es entsteht ein Kostgängerwesen. Die unterfinanzierte Ebene ist dann auf Finanzzuweisungen der anderen Ebene angewiesen und ist insofern von dieser abhängig. So war beispielsweise das Reich im Deutschen Kaiserreich von 1871 auf Matrikularbeiträge der Länder angewiesen, während in der Weimarer Republik die Länder Kostgänger des Reichs waren[23]. Solche Finanzzuweisungen müssen jedoch in der Regel durch politische Zugeständnisse „erkauft" werden. Die finanzstärkere Körperschaft wird stets versuchen, durch Finanzzuweisungen ihren außerfiskalischen Machteinfluss auf die finanzschwächere Körperschaft auszuweiten.

Der Finanzverfassung kommt demnach zentrale Bedeutung bzgl. der Finanzierung der öffentlichen Aufgaben zu. Als „Eckpfeiler der bundesstaatlichen Ordnung"[24] soll sie die sachgerechte Beteiligung von Bund und Ländern am Gesamtertrag der Volkswirtschaft sicherstellen[25]. Bund und Länder müssen dabei finanziell so ausgestattet werden, dass sie die ihnen zufallenden Aufgaben auch erfüllen können[26]. Die Zuweisung von Finanzmitteln ist hierfür zwingende Voraussetzung, unabhängig davon, ob sie direkt als „originäre" Ertragshoheit oder indirekt durch Transferleistungen zwischen den Körperschaften ausgestaltet sind[27].

Die Verteilung des Steueraufkommens ist stets sowohl Ausdruck der politischen Macht der Körperschaften, als auch ihre Voraussetzung. Die Finanzverfassung als Grundlage der finanziellen Ausstattung von Bund und Ländern

---

22 In Anlehnung an *Korioth*, S. 22, dessen Definition des Finanzausgleichs vorliegend auf ihre verfassungsrechtliche Dimension reduziert wird.

23 *Renzsch*, S. 60f.

24 BVerfG, Beschluss v. 08.06.1988, 2 BvL 9/85, 2 BvL 3/86, BVerfGE 78, S. 249, 266. Als Eckpfeiler der bundesstaatlichen Ordnung dient die Finanzverfassung der Sicherung des Föderalismus und seiner Wirkungen, siehe hierzu *Grzeszick*, in: Maunz/Dürig, Art. 20, IV., Rn. 19ff., zur machtbegrenzenden Funktion der Bundesstaatlichkeit durch Gewaltengliederung siehe Rn. 20–23.

25 BVerfG, Beschluss v. 07.11.1995, 2 BvR 413/88, 2 BvR 1300/93, BVerfGE 93, S. 319, 342.

26 BVerfG, Beschluss v. 07.11.1995, 2 BvR 413/88, 2 BvR 1300/93, BVerfGE 93, S. 319, 342.

27 *Korioth*, S. 12f.

bestimmt die Fähigkeit der Körperschaften, ihre Aufgaben adäquat zu erfüllen. Zudem hat die finanzielle Ausstattung auch Einfluss auf die über die grundlegenden Aufgaben hinausgehenden, politischen Handlungsmöglichkeiten einer Körperschaft[28]. Sie ist deshalb Ausdruck politischer Auseinandersetzungen um Macht im Bundesstaat[29]. Die finanzielle Unterausstattung einer Gebietskörperschaft erzeugt Abhängigkeiten. Die jeweils finanzstärkere Körperschaft kann so ihren politischen Machtbereich ausbauen und die Politik in der finanzschwächeren Körperschaft mitgestalten.

Hinzukommt, dass die Leistungsfähigkeit einer Volkswirtschaft in Bezug auf die ihr zumutbare Steuerbelastung begrenzt ist[30]. Dieser auch in der Gesetzesbegründung zur Finanzreform 1955 angesprochene[31] Aspekt verdeutlicht und verstärkt die Machtdimension der Finanzverfassung. Finanzschwächere Körperschaften können ihre Unterfinanzierung auch deshalb schlechter bekämpfen, da sie sich nicht einfach durch zusätzliche Steuern weitere Finanzierungsquellen eröffnen können. Dies bedeutet auch, dass sich dieser Effekt vergrößert, je mehr die steuerliche Leistungsfähigkeit bereits in Anspruch genommen wird.

1. Der vertikale Finanzausgleich im Grundgesetz von 1949

Das Bundesverfassungsgericht stellte fest, dass es dem Gesetzgeber nicht gestattet sei, unter dem Begriff Ergänzungsabgabe eine Steuer einzuführen, die den Vorstellungen des Verfassunggebers widerspräche[32]. Die Einführung der Ergänzungsabgabe in die Finanzverfassung war jedoch keine einzelne Maßnahme, sondern eingebettet in eine umfassendere Reform der Finanzverfassung im Jahre 1955. Um die Änderungen sowie die Motive und Ziele dieser Reform nachvollziehen zu können, wird im Folgenden die Ausgestaltung der Finanzverfassung in der ursprünglichen Fassung des Grundgesetzes von 1949 in ihren Grundzügen dargestellt. Dabei liegt der Fokus auf dem System des vertikalen Finanzausgleichs, also der Verteilung der Steuereinnahmen zwischen Bund und Ländern, da die Ergänzungsabgabe durch die alleinige Ertragshoheit des Bundes dort ihre primäre Wirkung entfaltet.

---

28 *Renzsch*, S. 139.

29 *Renzsch*, S. 13; *Popitz*, S. 345.

30 *Pagenkopf*, S. 34.

31 BT-Drs. 02/480, S. 34.

32 BVerfG, Beschluss v. 09.02.1972, 1 BvL 16/69, BVerfGE 32, S. 333, 338.

2. Trennsystem

Der vertikale Finanzausgleich im Grundgesetz sah in seiner ursprünglichen Fassung grundsätzlich ein Trennsystem[33] vor. Diese Ausgestaltung als Trennsystem ist vor allem dem Umstand geschuldet, dass zum Zeitpunkt der Gründung der Bundesrepublik das zukünftige Steueraufkommen schwer abzuschätzen war[34] und die Besatzungsmächte Bestrebungen, ein Verbundsystem[35] zu etablieren, unterbanden, da sie ein zu starkes politisches Gewicht des Bundes befürchteten[36]. Sie favorisierten einen stark föderalistisch geprägten deutschen Staat[37].

Das Trennsystem sah die folgende Steuerverteilung vor: Dem Bund wurden die regional nicht ohne Weiteres radizierbaren Steuern zugewiesen, namentlich die Verbrauchsteuern mit Ausnahme der Biersteuer, die Beförderungsteuer, einmalige Vermögensabgaben, Zölle und Erträge der Finanzmonopole sowie die Umsatzsteuer (Art. 106 Abs. 1 GG i.d.F. v. 1949). Den Ländern stand hingegen das Aufkommen der Biersteuer, der Verkehrsteuern mit Ausnahme der Beförderungsteuer und der Umsatzsteuer, die Vermögensteuer, die Erbschaftsteuer, die Realsteuern und Steuern mit örtlich bedingtem Wirkungskreis sowie die Einkommen- und Körperschaftsteuer zu (Art. 106 Abs. 2 GG i.d.F. v. 1949).

3. Inanspruchnahme der Einkommen- und Körperschaftsteuer

Dieses Trennsystem wurde durchbrochen durch die in Art. 106 Abs. 3 GG 1949 geregelte Möglichkeit des Bundes, einen Teil der Einkommen- und Körperschaftsteuer durch zustimmungspflichtiges Bundesgesetz zur Deckung seiner durch andere Einkünfte nicht gedeckten Ausgaben in Anspruch zu nehmen (sog. „Inanspruchnahmebefugnis“[38])[39]. Ab 1951 bis zum letzten Haushaltsjahr vor der Finanzverfassungsreform 1955 beanspruchte der Bund aufgrund dieser Vorschrift einen Teil der Einkommen- und Körperschaftsteuer. Die

---

33 Das Aufkommen einer Steuer stand entweder ausschließlich dem Bund oder ausschließlich den Ländern zu.

34 *Renzsch*, S. 59.

35 Aufteilung des Aufkommens der Steuern zwischen Bund und Ländern.

36 *Renzsch*, S. 16.

37 *Korioth*, S. 335ff.; *Strauß*, S. 27.

38 *Korioth*, S. 339.

39 *Korioth*, S. 340. Demnach handelt es sich nicht um Finanzzuweisungen der Länder an den Bund, ähnlich den Matrikularbeiträgen im Kaiserreich, sondern um eine „einfachgesetzliche Ertragshoheit“, bei der der Bund direkt am Aufkommen der Einkommen- und Körperschaftsteuer partizipiert.

zustimmungspflichtigen[40] Bundesgesetze waren jeweils auf ein Haushaltsjahr befristet[41]. Die in Anspruch genommenen Teile der Einkommen- und Körperschaftsteuer betrugen dabei für das Haushaltsjahr 1951 27 %[42], für das Haushaltsjahr 1952 37 %[43] und für die Haushaltsjahre 1953[44] und 1954[45] jeweils 38 %. Die hierfür notwendigen Verhandlungen erschwerten die selbstverantwortliche und verlässliche Haushaltsplanung sowohl des Bundes als auch der Länder[46].

4. Probleme der Finanzverfassung des Grundgesetzes von 1949

Insofern wurde durch das Grundgesetz von 1949, aufgrund der Intervention der Besatzungsmächte[47] entgegen der ursprünglichen Intention des Parlamentarischen Rates[48], ein Finanzsystem etabliert, in dem der Bund finanziell von den Ländern abhängig war. Der Bund war zur Inanspruchnahme stets auf die Zustimmung der Länder angewiesen. Zwar schaffte es der Bund durch eine Taktik des *divide et impera* die finanzschwachen gegen die finanzstarken Länder auszuspielen, da es noch keinen funktionierenden horizontalen Finanzausgleich gab, und somit die politischen Machtverhältnisse zu seinen Gunsten zu verschieben[49]. Trotz dieser Ausnutzung politischer Handlungsspielräume aber kamen die Inanspruchnahmegesetze für den Bund meist nur verspätet zustande, wodurch dieser sich in einem finanziellen „Schwebezustand" befand, in dem er auf freiwillige Leistungen der Länder angewiesen war[50]. Das im Grundgesetz von 1949 angelegte Steuersystem machte den Bund zum Kostgänger der Länder.

---

40 Zu den teilweise harten Verhandlungen über die Inanspruchnahmegesetze 1951–1954 siehe *Renzsch*, S. 77–100. Die Langwierigkeit der Verhandlungen mit dem Bundesrat, die stets auch zu einer Anrufung des Vermittlungsausschusses führten, wird auch in der Begründung zur Finanzverfassungsreform angesprochen, BT-Drs. 02/480, S. 32.

41 Eine solche Befristung war verfassungsrechtlich nicht erforderlich, man hätte auch eine längerfristige Inanspruchnahme festlegen können, siehe *Heckt*, S. 23.

42 BGBl. I 1951, S. 864.

43 BGBl. I 1952, S. 389. Als Ergebnis der Verhandlungen garantierte der Bund den Ländern ein Aufkommen von 105 % des Vorjahresaufkommens der Einkommen- und Körperschaftsteuer. Dadurch betrug der tatsächliche Anteil des Bundes an diesen Steuern 35,6 % statt 37 %, siehe BT-Drs. 02/480, S. 32 sowie *Pagenkopf*, S. 165.

44 BGBl. I 1953, S. 413, 420.

45 BGBl. I 1955, S. 182.

46 BT-Drs. 02/480, S. 33.

47 *Renzsch*, S. 74.

48 *Renzsch*, S. 60f.; *Neukamm*, S. 103.

49 *Renzsch*, S. 99.

50 *Fischer-Menshausen*, S. 165.

Diese Unterfinanzierung des Bundes, in Kombination mit dem nicht vorhandenen horizontalen Finanzausgleich zwischen den Ländern, führte zu politischen Ungleichgewichten in der Anfangsphase der Bundesrepublik Deutschland[51].

B. Die Finanzreform 1955

Es ist deutlich geworden, dass die Ausgestaltung der Finanzverfassung des Grundgesetzes in der Praxis zu finanziellen Unterausstattungen und politischen Ungleichgewichten führte. Auf Inhalt und Ziele der insofern notwendigen Reform wird im Folgenden eingegangen, wobei die Kernaussagen zur Ergänzungsabgabe aufgrund ihrer besonderen Relevanz für diese Arbeit gesondert behandelt werden.

1. Notwendigkeit der Reform

Der Finanzausgleich der ursprünglichen Fassung des Grundgesetzes war aufgrund der unklaren Entwicklung des Finanzbedarfs von Bund und Ländern[52] und des zukünftigen Aufkommens der einzelnen Steuern[53] provisorisch ausgestaltet[54]. Art. 107 GG i.d.F. v. 1949 forderte den Bundesgesetzgeber deshalb auf, bis zum 31.12.1952 durch zustimmungspflichtiges Bundesgesetz die endgültige[55] Verteilung der der konkurrierenden Gesetzgebung unterliegenden Steuern auf Bund und Länder zu regeln, mithin also eine Neuordnung des vertikalen und horizontalen Finanzausgleichs vorzunehmen[56]. Diese Frist wurde zunächst bis zum 31.12.1954[57] und dann bis zum 31.12.1955[58], ebenfalls vornehmlich wegen

51 *Renzsch,* S. 99.

52 BT-Drs. 02/480, S. 28; *Pagenkopf,* S. 161f.

53 *Schmidt,* S. 101.

54 BT-Drs. 02/480, S. 30; *Pagenkopf,* S. 161f.

55 Der Begriff „endgültig" ist missverständlich. Gemeint ist keine für die Zukunft unveränderliche Steuerverteilung, sondern die Schaffung eines ausgewogeneren, dauerhafteren Systems, siehe *Fischer-Menshausen,* S. 163.

56 Eine Neuordnung der Steuergesetzgebungshoheit und der Steuerverwaltungshoheit war nicht Gegenstand des Auftrags des Art. 107 GG i.d.F. v. 1949, siehe BT-Drs. 02/480, S. 41. Dies wäre aufgrund der Tatsache, dass die Verfassungsänderungen lediglich ausnahmsweise durch zustimmungspflichtiges Bundesgesetz mit einfacher Mehrheit vorgenommen werden konnten auch nicht zulässig gewesen, siehe *Pagenkopf,* S. 177f.

57 Gesetz zur Änderung des Artikels 107 des Grundgesetzes, v. 20.04.1953, BGBl. I 1953, S. 130.

58 Zweites Gesetz zur Änderung des Artikels 107 des Grundgesetzes, v. 25.12.1954, BGBl. I 1954, S. 517.

der anhaltenden Unsicherheit über die Höhe des Steueraufkommens und der konkreten Aufgaben von Bund und Ländern einerseits, aber auch wegen Streitigkeiten beim horizontalen Finanzausgleich andererseits, verlängert[59]. Hinzukamen die zuvor dargestellten Probleme finanzieller Unterausstattung und damit einhergehende, langwierige politische Auseinandersetzungen[60]. Mit dem Finanzverfassungsgesetz v. 23.12.1955[61] wurde kurz vor Ablauf der nunmehr geltenden Frist, allerdings rückwirkend zum 01.04.1955, das „Kernstück“[62] der Finanzreform 1955 verabschiedet.

2. Inhalt der Finanzreform als Ganzes

Dieses Finanzverfassungsgesetz führte erstmals die Ergänzungsabgabe zur Einkommensteuer und zur Körperschaftsteuer ein, deren Aufkommen gemäß Art. 106 Abs. 1 Nr. 7 GG i.d.F. v. 23.12.1955 ausschließlich dem Bund zustand[63]. Gleichzeitig wies Art. 106 Abs. 3 GG i.d.F. v. 23.12.1955 dem Bund bis zum 31.03.1958 33⅓ % des Aufkommens der Einkommen- und Körperschaftsteuer zu. Den Ländern standen dementsprechend 66⅔ % des Aufkommens dieser Steuern zu. Insofern schaffte die Finanzreform 1955 ein echtes Verbundsystem bei der Einkommen- und Körperschaftsteuer. Die Möglichkeit der Inanspruchnahme durch den Bund wurde abgeschafft. Art. 106 Abs. 3 GG i.d.F. v. 23.12.1955 regelte außerdem eine Anhebung des Anteils des Bundes ab dem 01.04.1958 auf 35 %, der Länderanteil betrug ab dann entsprechend 65 %. Art. 106 Abs. 4 GG i.d.F. v. 23.12.1955 sah die Möglichkeit der Anpassung der Beteiligungsverhältnisse durch zustimmungspflichtiges Bundesgesetz vor, wenn sich das Verhältnis zwischen Einnahmen und Ausgaben des Bundes bzw. der Länder unterschiedlich entwickelt und in der Haushaltswirtschaft des Bundes oder der Länder ein so erheblicher Fehlbedarf entsteht, dass eine entsprechende Berichtigung der

59 *Renzsch,* S. 131.

60 BT-Drs. 02/480, S. 32.

61 BGBl. I 1955, S. 817.

62 *Renzsch,* S. 130. Neben dem Finanzverfassungsgesetz beinhaltete die Finanzreform 1955 das Länderfinanzausgleichsgesetz v. 27.04.1955, BGBl. I 1955, S. 199, das Vierte Überleitungsgesetz v. 27.04.1955, BGBl. I 1955, S. 189 und die Neufassung des Ersten Überleitungsgesetzes v. 28.04.1955, BGBl. I 1955, S. 193. Diese werden vorliegend nicht weiter behandelt.

63 Zeitgleich mit der Finanzreform 1955 wurde auch ein Gesetzesentwurf zur Erhebung einer Ergänzungsabgabe vorgelegt, BT-Drs. 02/484. Dieser wurde zwar nicht umgesetzt, die dazugehörigen gesetzgeberischen Erwägungen werden jedoch im Rahmen der Auslegung der Ergänzungsabgabe herangezogen, siehe hierzu 2. Kapitel, B., 5., II.

Beteiligungsverhältnisse zugunsten des Bundes oder der Länder geboten ist. Hierfür normierte Art. 106 Abs. 4 GG i.d.F. v. 23.12.1955 drei Grundsätze: Der Bund und die Länder tragen die Ausgaben, die sich aus der Wahrnehmung ihrer Aufgaben ergeben, jeweils gesondert (Abs. 4 Nr. 1); Bund und Länder haben gleichmäßig Anspruch auf Deckung ihrer notwendigen Ausgaben (Abs. 4 Nr. 2) und die Deckungsbedürfnisse des Bundes und der Länder sind so aufeinander abzustimmen, dass ein billiger Ausgleich erzielt, eine Überbelastung der Steuerpflichtigen vermieden und die Einheitlichkeit der Lebensverhältnisse im Bundesgebiet gewahrt wird (Abs. 4 Nr. 3). Diese sog. Revisionsklausel sollte eine nachhaltige Sicherung des mit der Neuregelung gewonnenen Gleichgewichts der Finanzverhältnisse bewirken[64]. Eine Anpassung der Beteiligungsverhältnisse war grundsätzlich erstmals mit Wirkung vom 01.04.1958 und im Folgenden frühestens zwei Jahre nach dem Inkrafttreten des letzten Gesetzes zur Änderung der Beteiligungsverhältnisse möglich (Art. 106 Abs. 4 Satz 3 GG i.d.F. v. 23.12.1955).

3. Ziel der Reform

Ziel der Finanzreform war die Schaffung einer dauerhaften finanziellen Grundlage für Bund und Länder zur Erfüllung der ihnen zukommenden Aufgaben und die Ermöglichung einer selbständigen Finanzpolitik innerhalb ihres Verantwortungsbereichs[65]. Dies beinhaltete die Verhinderung finanzieller Abhängigkeiten der Körperschaften im Sinne eines Kostgängerwesens[66]. Die Reform sollte demnach die oben herausgearbeiteten Probleme des Finanzausgleichs des Grundgesetzes von 1949 beheben. Deshalb ging der Reformentwurf davon aus, dass weder den finanziellen Bedürfnissen des Bundes, noch denen der Länder ein Vorrang einzuräumen ist[67]. Stattdessen sollten alle notwendigen Aufgaben der jeweiligen Ebenen des Bundesstaates gleichwertig nebeneinanderstehen[68]. Die rechtliche Abhängigkeit des Bundes von den Ländern im Bereich der Staatsfinanzen sollte vermindert werden und der Bund gegenüber den Ländern eine gleichberechtigte Position erlangen[69]. Zwar war die Entwicklung des

---

64 *Pagenkopf*, S. 183.

65 BT-Drs. 02/480, S. 35. Ein weiteres Ziel war die dauerhafte Regelung des horizontalen Finanzausgleichs, der vorliegend jedoch nicht behandelt wird, siehe hierzu *Renzsch*, S. 138.

66 *Renzsch*, S. 138.

67 BT-Drs. 02/480, S. 36f.

68 BT-Drs. 02/480, S. 36f.

69 *Renzsch*, S. 146.

Steueraufkommens auch zum Zeitpunkt der Reformverhandlungen nicht gesichert absehbar, unter besonderem Hinweis auf die jeweils zähen Verhandlungen zur Inanspruchnahme strebte die Bundesregierung dennoch statt einer erneuten Verlängerung der Frist des Art. 107 GG i.d.F. v. 1949 eine Neuregelung des Finanzausgleichs an[70]. Die Finanzreform sollte deshalb grundsätzlich eine Stabilisierung des Finanzausgleichs bewirken, mithin dauerhafter gestaltet werden[71]. Dabei war die Schaffung eines echten Verbundsystems in Form der Aufteilung der Ertragshoheit der Einkommen- und Körperschaftsteuer aufgrund des hohen Aufkommens dieser Steuern und ihrer damit einhergehenden Bedeutung für die Staatsfinanzierung eine zwingende Voraussetzung für die Schaffung einer endgültigen Finanzordnung durch eine adäquate Finanzausstattung der beteiligten Körperschaften[72]. Die Einführung eines Verbundsystems betont außerdem die Gleichberechtigung und Selbständigkeit der Finanzausgleichspartner und stellt klar, dass keiner Körperschaft ein Vorrang zur Deckung ihrer (notwendigen) Ausgaben zukommt[73]. Die Aufteilung der Einkommen- und Körperschaftsteuer diente mithin der Vermeidung eines Kostgängerwesens[74]. Sie ist insofern das Kernstück des vertikalen Finanzausgleichs und ihr Aufkommen gehört zu den größten Posten in der Finanzausstattung von Bund und Ländern[75]. Die Regelung der Ertragshoheit spielte auch deshalb für die Länder eine große Rolle, da die Gesetzgebungskompetenz im Bereich der Steuern grundsätzlich Bundessache ist und ihnen kein Steuerfindungsrecht zusteht[76]. Gleichzeitig sollte die Finanzreform eine Anpassung an die politischen und wirtschaftlichen Entwicklungen zulassen, mithin eine Flexibilisierung ermöglichen[77]. Hauptelement der Flexibilisierung war, neben der Ergänzungsabgabe, die dargestellte Möglichkeit zur Neuregelung der Anteile an Einkommen- und Körperschaftsteuer (Art. 106 Abs. 4 GG i.d.F. v. 23.12.1955)[78].

---

70 BT-Drs. 02/480, S. 37.
71 BT-Drs. 02/480, S. 38.
72 *Fischer-Menshausen*, S. 165.
73 BT-Drs. 02/480, S. 36f.
74 *Fischer-Menshausen*, S. 165.
75 *Fischer-Menshausen*, S. 165.
76 *Kruis*, S. 10.
77 BT-Drs. 02/480, S. 38.
78 *Renzsch*, S. 140.

4. Ablehnung eines Zuschlagsrechts der Länder

Im Vorfeld der Reform hatte eine Mehrheit der Bundesländer die Forderung erhoben, durch die Neuordnung des bundesstaatlichen Finanzausgleichs ein eigenes Zuschlagsrecht zur Einkommen- und Körperschaftsteuer zu erhalten und dadurch ihren vom Bund unabhängigen Besteuerungsbereich zu stärken[79]. Ein solches Zuschlagsrecht der Länder ähnelt in seiner Erhebungsform einer zusätzlichen Steuer vom Einkommen, mithin auch der Ergänzungsabgabe, weshalb im Folgenden die dazugehörigen Überlegungen im Rahmen der Finanzreform dargestellt werden. Aus den im Verfassungsänderungsverfahren getätigten Erwägungen zu einem Zuschlagsrecht der Länder könnten sich insofern Rückschlüsse auf die Voraussetzungen zur Erhebung einer Ergänzungsabgabe ergeben.

Grundsätzlich sah die Bundesregierung einen Länderzuschlag zur Einkommen- und Körperschaftsteuer als geeignet an, eine zusätzliche Finanzierung des öffentlichen Haushalts zu gewährleisten, da diese Steuerquellen ausreichend ergiebig seien und ein solcher Zuschlag die breite Masse der Bürger träfe und nicht lediglich einen beschränkten Kreis[80]. Allerdings setze ein solches Zuschlagsrecht einen horizontalen Finanzausgleich voraus, der zumindest annähernd gleiche Voraussetzungen in den einzelnen Ländern schaffe[81]. Außerdem berge ein solches Zuschlagsrecht die Gefahr regional stark unterschiedlicher Steuerbelastungen, die zwar in einem gewissen Maße hinzunehmen seien, in Bezug auf die Einkommen- und Körperschaftsteuer jedoch von der Bundesregierung als zu groß eingeschätzt wurde[82]. So seien die Einkommen- und Körperschaftsteuer die Steuern, die die größten Auswirkungen auf das private und wirtschaftliche Leben und gleichzeitig einen entscheidenden Anteil am öffentlichen Haushalt hätten. Deshalb sei die Bemessung des Tarifs dieser Steuern stets ein Kompromiss zwischen dem öffentlichen Finanzbedarf und der Leistungsfähigkeit der Steuerpflichtigen. Die Entscheidung über den Tarif könne deshalb nur einheitlich für das Bundesgebiet getroffen werden[83]. Außerdem würden regionale Besteuerungsunterschiede zur Gefahr von Steuerumgehungen und Standortverlagerungen führen, die bei der Einkommen- und Körperschaftsteuer wegen ihrer volkswirtschaftlichen Bedeutung besonders groß sei[84].

79 BT-Drs. 02/480, S. 62.
80 BT-Drs. 02/480, S. 62.
81 BT-Drs. 02/480, S. 63.
82 BT-Drs. 02/480, S. 63.
83 BT-Drs. 02/480, S. 63.
84 BT-Drs. 02/480, S. 64.

Die angeführten Überlegungen sind nicht auf die Ergänzungsabgabe übertragbar. Die ablehnenden Erwägungen seitens der Bundesregierung beziehen sich vor allem auf die Problematik regional unterschiedlicher Besteuerung durch ein solches Zuschlagsrecht, die bei einer Ergänzungsabgabe gerade nicht auftreten würde. Aus diesen Äußerungen sind insofern keine Schlüsse zur Auslegung der Ergänzungsabgabe zu ziehen.

5. Erwägungen zur Ergänzungsabgabe

Im Folgenden werden zunächst die Erwägungen dargelegt, die im Rahmen des Gesetzgebungsverfahrens zum Finanzverfassungsgesetz zur Ergänzungsabgabe angeführt wurden. Daraufhin werden die Erwägungen zum gleichzeitig geplanten, aber nicht umgesetzten Ergänzungsabgabegesetz als einfachgesetzlicher Ausgestaltung dieser neuen Abgabe dargestellt.

I. Finanzverfassungsgesetz 1955

Zunächst begründet die Bundesregierung die Ablehnung einer den Gemeinden zustehenden Personensteuer mit der starken Beanspruchung der Steuerpflichtigen, die u.a. aus der Notwendigkeit resultiere, eine Ergänzungsabgabe zur Einkommen- und Körperschaftsteuer zu erheben und damit „die Zahl der an das Einkommen anknüpfenden Steuern zu vermehren“[85]. Zur Begründung dessen, dass das Aufkommen ausschließlich dem Bund zugewiesen werden soll, führt die Bundesregierung aus, dass das Steuerverteilungssystem zwischen Bund und Ländern durch die Minimierung der Notwendigkeit zur Revision der Steuerbeteiligungsquoten gefestigt werden soll. Hierfür sei es notwendig, dem Bund in begrenztem Rahmen eine flexiblere, an Konjunktur- und Haushaltslage orientierte Finanzpolitik zu ermöglichen[86]. Des Weiteren sei die Ergänzungsabgabe zur Deckung „anderweitig nicht auszugleichende[r] Bedarfsspitzen im Bundeshaushalt“[87] gedacht. Zur Ablehnung der Ergänzungsabgabe durch den Bundesrat führt die Bundesregierung aus, es handle sich um eine Maßnahme zur Stabilisierung der angestrebten Neuregelung der Steuerverteilung. Die Anwendung der Revisionsklausel (Art. 106 Abs. 4 GG i.d.F. v. 23.12.1955) sei *ultima ratio*, weshalb der Bund in der Lage sein müsse, „in beschränktem Umfang“[88] einen Mehrbedarf im Bundeshaushalt durch eine eigenverantwortliche Steuererhebung zu

85 BT-Drs. 02/480, S. 66.
86 BT-Drs. 02/480, S. 72.
87 BT-Drs. 02/480, S. 72.
88 BT-Drs. 02/480, S. 228.

decken. Hier zeigt sich, dass sich das Instrument der Revisionsklausel und die Ergänzungsabgabe gegenseitig ergänzen sollen[89]. Beide stellen ein flexibles Element der Finanzverfassung dar, weshalb zur Auslegung der Ergänzungsabgabe auch die Revisionsklausel Berücksichtigung finden muss. Andernfalls müsse der Bund die indirekten Bundessteuern oder die Einkommen- und Körperschaftsteuer in solchem Maß erhöhen, dass er aus dem ihm zustehenden Anteil seinen Mehrbedarf decken kann. Dies würde jedoch auch zu Mehreinnahmen bei den Ländern führen, selbst wenn bei diesen kein erhöhter Bedarf vorläge[90]. Ein vom Bundesrat vorgeschlagenes Bundeszuschlagsrecht zur Einkommen- und Körperschaftsteuer lehnte die Bundesregierung ab, da ein solcher Zuschlag zustimmungspflichtig sei[91]. Die Ergänzungsabgabe hingegen sei eine „selbständige, gesondert von der Einkommensteuer und der Körperschaftsteuer zu erhebende Abgabe“[92], die insofern gemäß Art. 105 GG nicht zustimmungspflichtig sei[93].

Ein vom Bundesrat angesprochenes mögliches Aushöhlen der Einkommen- und Körperschaftsteuer in Folge der Erhebung einer Ergänzungsabgabe sei bereits deshalb nicht zu befürchten, da der Höhe der Ergänzungsabgabe aufgrund der „beschränkte[n] steuerliche[n] Belastbarkeit der Volkswirtschaft und aus politischen und sozialen Gründen natürliche Grenzen gesetzt“[94] seien.

II. Gesetzesentwurf für eine Ergänzungsabgabe

Zeitgleich mit der Einführung des Art. 106 Abs. 1 Nr. 7 GG i.d.F. v. 23.12.1955 in das Grundgesetz wurde von der Bundesregierung ein Entwurf für ein Gesetz zur Erhebung einer Ergänzungsabgabe[95] vorgelegt. Aufgrund der zeitlichen und sachlichen Nähe der Gesetzesvorhaben sowie der Bezugnahme auf den Entwurf für ein Gesetz zur Erhebung der Ergänzungsabgabe innerhalb der Gesetzesbegründung zum Finanzverfassungsgesetz[96] sind die Erwägungen zu diesem

89 Ebenso *Selmer/Hummel*, S. 377; *Hidien*, in: Bonner Kommentar, Art. 106 Rn. 1431.
90 BT-Drs. 02/480, S. 229.
91 BT-Drs. 02/480, S. 229.
92 BT-Drs. 02/480, S. 229.
93 BT-Drs. 02/480, S. 229.
94 BT-Drs. 02/480, S. 229.
95 BT-Drs. 02/484.
96 BT-Drs. 02/480, S. 66: „Es kommt hinzu, daß die Haushaltslage des Bundes vorerst dazu zwingen wird, eine Ergänzungsabgabe zur Einkommen- und Körperschaftsteuer zu erheben (vgl. den gleichzeitig vorgelegten Gesetzesentwurf über die Abgabe; BT-Drucksache Nr. 484)“. Weiterhin wird auf den Gesetzesentwurf Bezug genommen auf S. 72 und S. 108.

Gesetzesentwurf für das Verständnis des heutigen Art. 106 Abs. 1 Nr. 6 GG durchaus relevant. Bemessungsgrundlage der Ergänzungsabgabe sollte die festgesetzte Einkommen- und Körperschaftsteuer sein (§ 4 des Gesetzesentwurfs). Zunächst soll das Finanzverfassungsgesetz eine Stabilisierung der Steuerverteilung zwischen Bund und Ländern bewirken. Aufgrund von Schwankungen sowohl des Steueraufkommens, als auch des öffentlichen Finanzbedarfs bedürfe es aber eines flexiblen Elements[97]. Im Zusammenhang mit der Festigung des Finanzausgleichs führt die Bundesregierung weiter aus, dass die Erhebung einer Ergänzungsabgabe „nur mit geringen Hebesätzen [...] und keineswegs für die Dauer, sondern lediglich für Ausnahmelagen"[98] in Betracht käme. An anderer Stelle äußert sich die Bundesregierung dahingehend, die Ergänzungsabgabe solle nur für den Zeitraum erhoben werden, in dem „die Deckungslücke des Bundeshaushalts nicht anderweitig geschlossen werden"[99] könne. In den Erläuterungen zu den einzelnen Paragraphen finden sich außerdem Aussagen dazu, dass die damals geplante Ergänzungsabgabe lediglich aus „technischen Gründen"[100] und zur Vereinfachung der Erhebung an die festgesetzte Einkommen- und Körperschaftsteuer anknüpfe[101]. Dies ändere nichts an der Selbständigkeit der Steuer, die insofern gesondert von der Einkommen- und Körperschaftsteuer zu erheben sei[102].

C. Schlussfolgerungen für die Ergänzungsabgabe

Es ist dargelegt worden, dass die Finanzverfassung im Bundesstaat vor der besonderen Herausforderung steht, den finanziellen Bedarf mehrerer (teil-)souveräner Körperschaften zu decken. Das Grundgesetz von 1949 genügte diesen Ansprüchen nicht. Durch finanzielle Unterausstattung des Bundes stand dieser auch politisch in Abhängigkeit von den Ländern. Die Finanzreform von 1955 sollte diesen Umstand beheben und die Gebietskörperschaften entsprechend ihres Bedarfs gleichberechtigt ausstatten. Die Ergänzungsabgabe muss deshalb ebenfalls im Zusammenhang mit der Reform eingeordnet werden. Im Folgenden werden die wichtigsten Schlussfolgerungen aus der historischen Betrachtung

97 BT-Drs. 02/484, S. 4.
98 BT-Drs. 02/484, S. 4.
99 BT-Drs. 02/484, S. 5.
100 BT-Drs. 02/484, S. 5.
101 BT-Drs. 02/484, S. 5.
102 BT-Drs. 02/484, S. 5.

und den Gesetzesbegründungen herausgearbeitet, die sodann als Maßstab für die spätere Auslegung dienen.

1. Verhinderung eines Kostgängerwesens

Insgesamt war die Finanzreform 1955 darauf ausgelegt, die Steuerverteilung im Bundesstaat zu stabilisieren und die Gebietskörperschaften gemäß der ihnen zufallenden Aufgaben finanziell adäquat auszustatten. Dieser Gedanke kommt auch bei der Revisionsklausel zum Tragen, wenn dort das Vorliegen einer unterschiedlichen Entwicklung von Einnahmen und Ausgaben bei Bund und Ländern als Voraussetzung für die Anpassung der Beteiligungsquoten gefordert wird und dabei ein billiger Ausgleich zwischen den Gebietskörperschaften erzielt werden soll. Die Reform war demnach von dem Willen der Verhinderung eines weiteren Kostgängerwesens geprägt. In diesem Lichte ist konsequenterweise dann auch die Ergänzungsabgabe auszulegen, die den Bund insofern zwar zu einer autonomeren Einnahmengestaltung befähigen, gleichzeitig aber nicht zu finanziellen Abhängigkeiten der Länder vom Bund führen sollte.

2. Flexibles Element zur Stabilisierung

Die Finanzreform sollte die jährlichen Auseinandersetzungen über eine Inanspruchnahme des Einkommen- und Körperschaftsteueraufkommens beenden. Da jedoch das zukünftige Steueraufkommen und die Kosten zukünftiger staatlicher Aufgaben weiterhin nicht gesichert prognostizierbar waren, musste die Finanzverfassung flexible Elemente beinhalten. Hierfür waren vor allem die Anpassung der Beteiligungsquoten an der Einkommen- und Körperschaftsteuer sowie die Erhebung einer Ergänzungsabgabe vorgesehen. Bei der Auslegung der verfassungsrechtlichen Erhebungsvoraussetzungen der Ergänzungsabgabe ist also zu bedenken, dass diese eine Flexibilisierung der Steuerverteilung im Bundesstaat zugunsten des Bundes bewirken sollte[103]. Inhaltlich ist die Ergänzungsabgabe der Inanspruchnahme nah, da der Bund durch die Abgabe einen Teil der Ertragsbesteuerung autonom an sich ziehen kann. Die Ergänzungsabgabe bewirkt jedoch keinen finanziellen Verlust der Länder. Zweck des flexiblen Elements der Ergänzungsabgabe war es, die grundsätzliche Steuerverteilung zwischen Bund und Ländern zu stabilisieren. Sollte sich herausstellen, dass die

---

103 Diesen Flexibilitätscharakter sehen auch *Hidien*, in: Bonner Kommentar, Art. 106 Rn. 1430; *Wiss. Beirat EY*, S. 1312. *Schulemann*, S. 10 verneint, allerdings ohne Begründung, eine Flexibilisierungsfunktion der Ergänzungsabgabe.

reformierten Ertragshoheiten zeitweilig dennoch zu einer Unterausstattung des Bundes führten, sollte dieser auf den gesteigerten Finanzbedarf flexibel reagieren können. Hierbei ist zu beachten, dass das Grundgesetz mit der Revisionsklausel ein weiteres flexibles Element beinhaltete, so dass im Ergebnis zwei sich ergänzende flexible Instrumente vorlagen[104].

3. Selbständigkeit

Der selbständige Charakter der Ergänzungsabgabe schlägt sich in der Wahl des Instruments der Steuer und in der alleinigen Ertragshoheit und Gesetzgebungskompetenz des Bundes nieder. Die Betonung dieses selbständigen Charakters durch die Bundesregierung verdeutlicht, dass, im Gegensatz zur Inanspruchnahme, eine von den Ländern unabhängigere Gestaltung und zeitnahe und sicherere Finanzierung seitens des Bundesgesetzgebers möglich sein soll.

4. Ausnahmecharakter

Gleichwohl ist die Ergänzungsabgabe nach Auffassung des Verfassunggebers und im Kontext der Finanzreform als Ausnahmeinstrument gedacht[105]. So ist die Ergänzungsabgabe für „Ausnahmelagen"[106] und „keineswegs für die Dauer"[107] intendiert. Für die Annahme eines Ausnahmecharakters spricht zudem auch die Formulierung „Bedarfsspitzen"[108]. Gleichzeitig war die Einführung eines Verbundsystems bei der Einkommen- und Körperschaftsteuer ein Kernelement der Stabilisierung der Steuerverteilung. Insofern kommt diesen Steuern eine besondere Bedeutung im System der Finanzverfassung zu. Die Einkommen- und Körperschaftsteuer sind deshalb der Regelfall der Ertragsbesteuerung. Die Ergänzungsabgabe, die sich desselben Steuersubstrats bedient, steht in Konkurrenz zu diesen Steuern und kann aufgrund der großen fiskalischen Bedeutung ihrer Konkurrenzsteuern nur als Ausnahmeinstrument angesehen werden. Einen solchen Ausnahmecharakter sah auch die Bundesregierung, die betonte, dass die „steuerliche Belastung des Einkommens normalerweise in der Gestalt

104 Eine solche Ergänzung zwischen der Revisionsklausel und der Ergänzungsabgabe sehen auch *Hidien*, in: Bonner Kommentar, Art. 106 Rn. 1431 und *Selmer/Hummel*, S. 373.

105 *Schulemann*, S. 10; *Birk*, S. 1003; *Wiss. Beirat EY*, S. 1312; *Strickrodt*, in: Handwörterbuch des Steuerrechts, S. 427.

106 BT-Drs. 02/484, S. 4.

107 BT-Drs. 02/484, S. 4.

108 BT-Drs. 02/480, S. 72.

der Einkommensteuer und der Körperschaftsteuer erfolgen sollte“[109]. Die Ergänzungsabgabe fällt insofern aus dem System der Steuerzuteilung heraus, indem sie der grundsätzlichen Wertung der Aufteilung der Ertragsteuern zwischen Bund und Ländern nicht folgt, sondern das Aufkommen ausschließlich dem Bund zuweist[110].

D. Änderungen der Finanzverfassung seit 1955 und Reform 2017

Seit der Einführung der Ergänzungsabgabe in die Finanzverfassung ist dieser Teil des Grundgesetzes mehrfach, teilweise tiefgreifend, geändert worden[111]. Insofern stellt sich die Frage, ob diese Änderungen Konsequenzen für die oben dargestellten Erwägungen und Auslegungsgrundsätze zur Ergänzungsabgabe haben. Explizit hat die Ergänzungsabgabe soweit ersichtlich bei keiner der Reform von 1955 folgenden Änderungen der Finanzverfassung eine relevante Rolle gespielt. Es sind keine Äußerungen in Verfassungsänderungsverfahren hinzugekommen, die direkte Auswirkungen auf die zuvor herausgearbeiteten Grundsätze zur Ergänzungsabgabe haben. Da sie jedoch innerhalb der Finanzverfassung ein flexibles Element darstellen soll, wird im Folgenden darauf einzugehen sein, inwiefern in der derzeit gültigen Finanzverfassung andere flexible Instrumente vorliegen, die eine Anpassung der Steuerverteilung ermöglichen. Danach wird aufgrund der Neuregelung des bundesstaatlichen Finanzausgleichs zu behandeln sein, ob sich aus der Reform 2017 direkt oder indirekt Konsequenzen für die Ergänzungsabgabe ergeben.

1. Änderungen der Finanzverfassung seit 1955

In der derzeit gültigen Fassung des Grundgesetzes ist mittlerweile neben der Einkommen- und Körperschaftsteuer auch die Umsatzsteuer als Gemeinschaftsteuer ausgestaltet (Art. 106 Abs. 3 Satz 1 GG). Das Aufkommen der Einkommen- und Körperschaftsteuer steht Bund und Ländern jeweils zur Hälfte zu (Art. 106 Abs. 3 Satz 2 GG), vorbehaltlich des Art. 106 Abs. 5 GG, der den

---

109 BT-Drs. 02/484, S. 4.

110 *Heckt,* S. 33f.

111 Z.B. durch das Einundzwanzigste Gesetz zur Änderung des Grundgesetzes (Finanzreformgesetz) v. 21.05.1969, BGBl. I 1969, S. 359, siehe hierzu *Strauß,* S. 68–96; und durch das Gesetz zur Änderung des Grundgesetzes v. 28.08.2006, BGBl. I 2006, S. 2034 im Rahmen der sog. Föderalismusreform 2006, siehe hierzu *Schneider,* S. 156ff.

Gemeinden vorab einen Teil dieser Steuern zuweist. Eine flexible Handhabung ist bei der Verteilung der Einkommen- und Körperschaftsteuer derzeit nicht vorgesehen.

Das Beteiligungsverhältnis an der Umsatzsteuer ist hingegen nicht in der Verfassung selbst festgelegt, sondern wird gemäß Art. 106 Abs. 3 Satz 3 GG durch zustimmungspflichtiges Bundesgesetz geregelt. Für eine Anpassung des Beteiligungsverhältnisses als flexibles Instrument der Finanzverfassung ist zunächst die Regelung des Art. 106 Abs. 4 Satz 1 GG zu betrachten. Dieser sieht vor, dass die Anteile von Bund und Ländern an der Umsatzsteuer dann neu festzusetzen sind, wenn sich das Verhältnis zwischen Einnahmen und Ausgaben bei Bund und Ländern wesentlich anders entwickelt. Wesentlich ist die Entwicklung dann, wenn sie nachhaltig, offensichtlich und erheblich ist[112].

Liegen diese Voraussetzungen nicht vor, so kann der Bundesgesetzgeber auf eine Änderung gemäß Art. 106 Abs. 3 Satz 4 GG zurückgreifen[113]. Als Grundsätze für eine Neuregelung der Beteiligungsverhältnisse normiert Art. 106 Abs. 3 Satz 4 Nr. 1 Satz 1 GG zunächst die prinzipielle Gleichwertigkeit der notwendigen Ausgaben von Bund und Ländern. Wie bereits bei der Anpassung der Einkommen- und Körperschaftsteuerbeteiligung gemäß Art. 106 Abs. 4 Satz 2 Nr. 2 GG i.d.F. v. 23.12.1955 kommt damit keiner der Körperschaften ein Vorrang zu. Art. 106 Abs. 3 Satz 4 Nr. 2 GG wiederholt den Wortlaut des Art. 106 Abs. 4 Satz 2 Nr. 3 GG i.d.F. v. 23.12.1955 und fordert bei der Verteilung der Umsatzsteuer einen billigen Ausgleich, die Vermeidung einer Überbelastung der Steuerpflichtigen sowie die Wahrung der Einheitlichkeit der Lebensverhältnisse im Bundesgebiet. Im Gegensatz zur Neuregelung der Einkommen- und Körperschaftsteueranteile geht Art. 106 Abs. 3 Satz 4 Nr. 1 Satz 2 GG ausdrücklich von einer mehrjährigen Finanzplanung als Grundlage der Ermittlung der Ausgaben aus. Dieses Kriterium wurde zwar bisher vom Gesetzgeber nicht konsequent umgesetzt[114], zeigt aber dennoch, dass die Revision der Umsatzsteueranteile zwar eine gewisse Flexibilität bieten sollte, gleichzeitig aber auch eine gewisse vorausschauende, und damit mittelfristige Planung voraussetzt.

Die Neuverteilung der Umsatzsteueranteile bildet also derzeit das flexible Element, das zum Zeitpunkt der Implementierung der Ergänzungsabgabe in die Finanzverfassung die Neuregelung der Einkommen- und

---

112 *Kube,* in: Epping/Hillgruber, Art. 106 Rn. 28.
113 *Kube,* in: Epping/Hillgruber, Art. 106 Rn. 28.
114 *Seiler,* in: Maunz/Dürig, Art. 106 Rn. 156.

Körperschaftsteueranteile war[115]. Ähnlich der 1955 normierten Revisionsklausel soll die Anpassung der Umsatzsteueranteile eine gleichberechtigte und den Aufgaben entsprechende Finanzausstattung der Gebietskörperschaften gewährleisten und ermöglichen. Gleichzeitig soll eine solche Anpassung nur vorgenommen werden, wenn sich die finanziellen Verhältnisse zumindest für eine längere Dauer ändern. Allzu häufige Streitigkeiten über die Finanzverteilung im Bundesstaat sollten jedenfalls vermieden werden.

2. Reform des Finanzausgleichs 2017

Das Finanzausgleichsgesetz und das Maßstäbegesetz als einfachgesetzliche Grundlagen des bundesstaatlichen Finanzausgleichs waren in ihrer ursprünglichen Fassung bis zum 31.12.2019 befristet. Im Zuge des nahenden Auslaufens dieser Gesetze wurde zwischen Bund und Ländern notwendigerweise über eine Neuregelung des bundesstaatlichen Finanzausgleichs verhandelt. Die mittlerweile verabschiedeten Reformen[116] des bundesstaatlichen Finanzausgleichs beschränken sich indes nicht nur auf einfachgesetzliche Neuregelungen der Finanzbeziehungen, bei denen vor allem Anpassungen des Maßstäbegesetzes und des Finanzausgleichsgesetzes unter Streichung der Befristung vorgenommen wurden[117]. Es wurden zudem auch Anpassungen an den grundgesetzlichen Regelungen des Finanzausgleichs vorgenommen[118]. Wie bereits aus der Bezeichnung des Gesetzes hervorgeht, ergeben sich keine direkten Konsequenzen für die Auslegung einer Ergänzungsabgabe. Art. 106 GG blieb von der Reform gänzlich

---

115 Einen Zusammenhang zwischen der Möglichkeit der Anpassung der Umsatzsteueranteile und der Ergänzungsabgabe sah bereits die Steuerreformkommission 1971, Gutachten der Steuerreformkommission 1971, S. 225 Rn. 691; ebenso *Selmer/Hummel*, S. 373. *Strickrodt*, S. 483 kommt aufgrund dieser Anpassungsmöglichkeit sogar zu dem Ergebnis, einen die Erhebung einer Ergänzungsabgabe rechtfertigenden Mehrbedarf des Bundes könne es nicht mehr geben.

116 Gemeint sind zum Einen das Gesetz zur Neuregelung des bundesstaatlichen Finanzausgleichssystems ab dem Jahr 2020 und zur Änderung haushaltsrechtlicher Vorschriften v. 17.08.2017, BGBl. I 2017, S. 3122 (im Folgenden: Gesetz zur Neuregelung des bundesstaatlichen Finanzausgleichssystems) und zum Anderen das Gesetz zur Änderung des Grundgesetzes (Artikel 90, 91c, 104b, 104c, 107, 108, 109a, 114, 125c, 143d, 143e, 143f, 143g) v. 13.07.2017, BGBl. I 2017, S. 2347 (im Folgenden: Gesetz zur Änderung des Grundgesetzes).

117 Die einfachgesetzlichen Änderungen wurden durch das Gesetz zur Neuregelung des bundesstaatlichen Finanzausgleichssystems vorgenommen.

118 Durch das Gesetz zur Änderung des Grundgesetzes.

unberührt. Es sind insofern keine weiteren zu berücksichtigenden Erwägungen zur Ergänzungsabgabe hinzugekommen. Außerdem besteht auch weiterhin das flexible Instrument der Anpassung der Umsatzsteueranteile. Andere Erwägungen, die zumindest mittelbar bei der Auslegung der Erhebungsvoraussetzungen einer Ergänzungsabgabe herangezogen werden müssten, sind im Rahmen dieser Gesetzgebungsverfahren nicht ersichtlich[119]. Zu erwähnen ist jedoch, dass die Sonderbedarfs-Bundesergänzungszuweisungen für teilungsbedingte Sonderlasten (§ 12 MaßstG), die zumindest eine ideelle Verbindung zum Solidaritätszuschlag aufweisen[120], ab 2020 grundsätzlich gestrichen werden[121].

3. Fazit

Es haben sich aufgrund der zurückliegenden Änderungen der Finanzverfassung keine expliziten Konsequenzen für die herausgearbeiteten Auslegungskriterien zur Verfassungsmäßigkeit einer Ergänzungsabgabe ergeben. Auch durch die notwendigen Neuregelungen des einfachgesetzlichen Finanzausgleichs und der damit einhergehenden Verfassungsänderungen sind keine expliziten Äußerungen hinzugekommen, die im Rahmen der Auslegung zu berücksichtigen wären. Das 1969 eingeführte Verbundsystem bei der Umsatzsteuer wurde jedoch flankiert von einem der Revisionsklausel des Art. 106 Abs. 4 GG i.d.F. v. 23.12.1955 ähnlichen Anpassungsinstrument für die Umsatzsteuerverteilung (Art. 106 Abs. 4 S. 1 GG). Insofern besteht neben der Ergänzungsabgabe weiterhin ein zweites flexibles Element der Finanzverfassung, welches insbesondere dann zum Einsatz kommen soll, wenn sich die Verhältnisse im Bundesstaat mittel- bzw. langfristig ändern. Dieser im Vergleich zur Einführung der Ergänzungsabgabe zusätzliche Aspekt wird für die Auslegung des Art. 106 Abs. 1 Nr. 1 GG heranzuziehen sein.

E. Ergebnis

Die Finanzverfassung als Gesamtheit der verfassungsrechtlichen Normen über die Finanzhoheitsrechte der Körperschaften im Bundesstaat hat zentrale

---

119 Die Erwägungen ergeben sich für das Gesetz zur Neuregelung des bundesstaatlichen Finanzausgleichssystems aus BT-Drs. 18/11135 und BT-Drs. 18/12589; für das Gesetz zur Änderung des Grundgesetzes aus BT-Drs. 18/11131 und BT-Drs. 18/12588.

120 *Wiss. Beirat EY,* S. 1310.

121 BT-Drs. 18/11135, S. 60; die verfassungsrechtliche Grundlage zur Gewährung solcher Sonderbedarfs-Bundesergänzungszuweisungen bleibt weiterhin bestehen, BT-Drs. 18/11131, S. 18.

Bedeutung für die Finanzierung öffentlicher Aufgaben und versetzt Bund und Länder erst in die Lage, den ihnen zugewiesenen Aufgaben nachzukommen. Bei einem Ungleichgewicht in der Aufteilung des Steueraufkommens besteht im Bundesstaat die Gefahr von Abhängigkeiten (Kostgängerwesen), in denen die jeweils finanzschwächeren Körperschaften sich von den finanzstärkeren Gliedern des Bundesstaates durch politische Zugeständnisse eine ausreichende finanzielle Ausstattung „erkaufen" müssen. Eine solche Abhängigkeit wird durch die begrenzte steuerliche Leistungsfähigkeit einer Volkswirtschaft noch vergrößert, da finanzschwächere Körperschaften, je nachdem wie hoch die Belastung bereits ist, nicht einfach zusätzliche Steuern einführen können.

Das Grundgesetz von 1949 implementierte zunächst ein solches System der Abhängigkeit. Den Ländern war insbesondere das vollständige Aufkommen der Einkommen- und Körperschaftsteuer zugewiesen. Der Bund konnte zwar einen Teil des Aufkommens in Anspruch nehmen, war hierzu aber auf die Mitwirkung der Länder angewiesen. Im Rahmen der Verhandlungen zu den Inanspruchnahmegesetzen zeigen sich die politischen Abhängigkeiten, die bei Unterfinanzierung der Gebietskörperschaften im Bundesstaat entstehen. Die Finanzverfassung des Grundgesetzes von 1949 machte den Bund zum Kostgänger der Länder, so dass eine ausreichende Finanzierung des Bundes nur unter (gegenseitigen) politischen Zugeständnissen erreichbar war.

Ziel der Finanzreform 1955 war deshalb die Stabilisierung des Finanzsystems und die grundsätzliche Gleichstellung des Finanzbedarfs von Bund und Ländern, um die bestehenden Unsicherheiten abzumildern. Um dies zu erreichen, wurde ein echtes Verbundsystem bei der Einkommen- und Körperschaftsteuer geschaffen. Gleichzeitig konnte keine zu starre Regelung getroffen werden, da weiterhin Unsicherheiten über die tatsächliche Höhe des Steueraufkommens und den notwendigen Ausgaben bestanden. Deshalb sollte mit der Einführung der Revisionsklausel des Art. 106 Abs. 4 GG i.d.F. v. 23.12.1955 der Finanzverfassung eine gewisse Flexibilität gegeben werden, um auftretende Unterfinanzierungen beseitigen zu können. In diesem Zusammenhang muss auch die Ergänzungsabgabe gesehen werden, die ein zusätzliches flexibles Element zugunsten des Bundes darstellt. Diese sollte zur Deckung anderweitig nicht auszugleichender Bedarfsspitzen im Bundeshaushalt verwendet werden.

Aus diesem historischen Kontext ergibt sich für die Herausarbeitung der spezifisch finanzverfassungsrechtlichen Erhebungsvoraussetzungen der Ergänzungsabgabe, dass diese dem Ziel der adäquaten Finanzausstattung des Bundes diente, mithin ein Kostgängerwesen vermeiden wollte. Sie war, neben der Revisionsklausel, ein flexibles Element der Ertragshoheiten, dass die grundsätzliche Finanzverteilung stabilisieren sollte. Dieses flexible Element stellt nunmehr die

Anpassung der Umsatzsteueranteile gem. Art. 106 Abs. 4 GG dar. Anderweitige Änderungen an den herausgearbeiteten Auslegungskriterien haben sich durch spätere Verfassungsänderungen nicht ergeben.

Der Bund sollte das Instrument der Ergänzungsabgabe grundsätzlich selbständig, mit anderen Worten also unabhängig von den Ländern, nutzen können. Aufgrund der Erwägungen des Verfassunggebers und der großen fiskalischen Bedeutung der Einkommen- und Körperschafsteuer, zu denen die Ergänzungsabgabe in Konkurrenz steht, hat die Ergänzungsabgabe Ausnahmecharakter. Diese grundsätzlichen Überlegungen dienen im Folgenden als Auslegungsmaßstab zur weitergehenden Herausarbeitung der finanzverfassungsrechtlichen Vorgaben zur Erhebung von Ergänzungsabgaben.

3. Kapitel: Verfassungsrechtliche Voraussetzungen zur Erhebung einer Ergänzungsabgabe

Nachdem die Einführung der Ergänzungsabgabe in das Grundgesetz in seinen historischen Kontext und die Systematik der Finanzverfassung eingeordnet sowie die gesetzgeberischen Erwägungen dargelegt wurden, werden im folgenden Teil die finanzverfassungsrechtlichen Voraussetzungen zur Erhebung einer Ergänzungsabgabe erarbeitet, die im darauffolgenden Kapitel zur Beurteilung der Verfassungsmäßigkeit des Solidaritätszuschlags dienen. Dabei wird insbesondere herauszuarbeiten sein, dass die Erhebung einer Ergänzungsabgabe in der Höhe und zeitlich beschränkt ist sowie eines besonderen Finanzierungszwecks bedarf. Außerdem wird auf grundgesetzliche Erhebungsvoraussetzungen eingegangen, die bei allen Steuerarten eine Rolle spielen, bei denen jedoch in Bezug auf die Ergänzungsabgabe bzw. ihre einfachgesetzlichen Ausgestaltungen Zweifel bestehen. Nicht Gegenstand der Untersuchung sind hingegen z.B. gleichheitsrechtliche Vorgaben, die grundsätzlich bei jedem Steuergesetz vom Gesetzgeber zu beachten sind[122]. Die Untersuchung beschränkt sich insofern auf finanzverfassungsrechtliche Erhebungsvoraussetzungen.

A. Ertragshoheit

Art. 106 Abs. 1 Nr. 6 GG weist das Aufkommen der Ergänzungsabgabe ausdrücklich ausschließlich dem Bund zu. Die Ergänzungsabgabe folgt insofern nicht der Grundentscheidung der Finanzverfassung, die Ertragsteuern aufgrund ihrer großen Bedeutung als Gemeinschaftsteuern auszugestalten[123]. Diese dem Wortlaut zu entnehmende[124] alleinige Ertragshoheit des Bundes korrespondiert mit dem Sinn und Zweck der Ergänzungsabgabe, einen beim Bund entstehenden Mehrbedarf zu finanzieren, ohne eine Anpassung der Beteiligungsquoten

---

122 Das Nds. FG sieht in seinem zweiten Vorlagebeschluss in § 3 SolZG i.V.m. §§ 35, 34c EStG, § 26 KStG einen Verstoß gegen Art. 3 Abs. 1 GG, Beschluss v. 21.08.2013, 7 K 143/08, DStRE 2014, S. 534, 537ff.

123 *Heckt*, S. 33f.

124 „[…] und das Aufkommen der folgenden Steuern stehen dem Bund zu: […] 6. die Ergänzungsabgabe zur Einkommensteuer und zur Körperschaftsteuer […]“; Art. 106 Abs. 1 GG.

des Einkommen- und Körperschaftsteueraufkommens notwendig zu machen. Die Zuweisung des Aufkommens an den Bund ist insofern Element der Flexibilisierung der bundesstaatlichen Steuerverteilung.

Konsequenz aus dem Wortlaut des Art. 106 Abs. 1 Nr. 6 GG ist, dass die Erhebung einer Ergänzungsabgabe die Zuweisung des Aufkommens allein an den Bund erfordert. Bei der Beurteilung von Steuergesetzen kommt es insofern nicht auf die Bezeichnung an, sondern auf die tatsächlichen Verhältnisse[125]. Es reicht demnach nicht aus, eine Steuer als Ergänzungsabgabe zu bezeichnen. Das Aufkommen muss dann tatsächlich auch dem Bund zufließen. Die Ertragshoheit des Bundes ist insofern auch eine Voraussetzung zur Erhebung einer Ergänzungsabgabe.

B. Gesetzgebungskompetenz

Zum Zeitpunkt der Einführung der Ergänzungsabgabe in das Grundgesetz wies Art. 105 Abs. 2 Nr. 2 GG i.d.F. v. 23.12.1955 dem Bund die konkurrierende Gesetzgebung über die Steuern vom Einkommen zu. Da es sich ausweislich der Gesetzesbegründung bei der Ergänzungsabgabe um eine solche Steuer vom Einkommen[126] handelt, stand dem Bund nach Art. 105 Abs. 2 Nr. 2 GG i.d.F. v. 23.12.1955 folglich auch die konkurrierende Gesetzgebung zur Erhebung einer Ergänzungsabgabe zu[127]. Ein Ergänzungsabgabegesetz war aufgrund des Art. 105 Abs. 3 GG i.d.F. v. 23.12.1955 nicht zustimmungspflichtig, da das Aufkommen allein dem Bund zustand. Zustimmungspflichtig waren nur Bundesgesetze über Steuern, deren Aufkommen den Ländern oder den Gemeinden ganz oder teilweise zufließen.

Heute ist die Gesetzgebungskompetenz für die Erhebung von Steuern weiterhin in Art. 105 GG geregelt. Gemäß Art. 105 Abs. 2 1. Alt. GG hat der Bund die konkurrierende Gesetzgebung über die übrigen[128] Steuern, bei denen ihm das Aufkommen ganz oder teilweise zusteht. Da das Aufkommen der Ergänzungsabgabe ausschließlich dem Bund zusteht (Art. 106 Abs. 1 Nr. 6 GG), hat der Bund die konkurrierende Gesetzgebung über die Ergänzungsabgabe.

Ein Erhebungsgesetz bedarf auch weiterhin nicht der Zustimmung des Bundesrates. Art. 105 Abs. 3 GG ist insofern unverändert. Der Bund kann also auch

125 BVerfG, Beschluss v. 31.05.1990, 2 BvL 12, 13/88, 2 BvR 1436/87, BVerfGE 82, S. 159, 179.

126 BT-Drs. 02/480, S. 66.

127 BVerfG, Beschluss v. 09.02.1972, 1 BvL 16/69, BVerfGE 32, S. 333, 337.

128 Also solche, die nicht Zölle oder Finanzmonopole sind, vgl. Art. 105 Abs. 1 GG.

nach geltendem Recht im Wege der konkurrierenden Gesetzgebung ohne Mitwirkung des Bundesrates eine Ergänzungsabgabe einführen. Die Zuweisung der konkurrierenden Gesetzgebung an den Bund ohne Zustimmungspflicht des Bundesrates ist eine logische Konsequenz aus der autonomeren Gestaltung der Ergänzungsabgabe als eigenständige Steuer, insbesondere im Vergleich zum vorherigen Instrument der sog. Inanspruchnahme. Die Gesetzgebungszuständigkeit des Bundes stellt sicher, dass der Bundesgesetzgeber im Falle eines finanziellen Mehrbedarfs diesen unabhängig von den Ländern decken kann und entspricht so auch dem Sinn und Zweck der Abgabe.

Die Einführung einer Ergänzungsabgabe wird teilweise in einen zeitlichen und sachlichen Zusammenhang mit der Verabschiedung des Haushaltsgesetzes gestellt[129]. Es stellt sich insofern die Frage, ob die Gesetzgebungskompetenz des Bundes durch diese Bezugnahme eingeschränkt sein könnte, insbesondere, ob die Einführung einer Ergänzungsabgabe zeitlich nur in Zusammenhang mit der Verabschiedung des Haushaltsgesetzes erfolgen sollte.

Eine solche Einschränkung ist jedoch abzulehnen. Aus einer einmaligen Äußerung des Bundesfinanzministers zu Beginn der Verhandlungen über die Verfassungsänderung von 1955[130] kann eine solch einschneidende Einschränkung der Gesetzgebungskompetenz nicht geschlossen werden. Die Absicht, eine Bindung der Erhebungsentscheidung an die Verabschiedung des Haushalts zu koppeln, kommt im weiteren Gesetzgebungsverfahren nicht zum Ausdruck. Eine solche Bindung würde zudem der eindeutig gewollten Flexibilisierung und der damit einhergehenden Ausgestaltung als Steuer zuwiderlaufen. Vielmehr war es Intention der Verfassungsänderung, den Gesetzgeber jederzeit in die Lage zu versetzen, einen auftretenden Mehrbedarf im Wege der Steuer zu decken.

C. Steuer

Die Ergänzungsabgabe sollte nach dem klaren Willen des Verfassunggebers als Steuer erhoben werden. Dies ergibt sich auch aus dem Wortlaut des Art. 106 Abs. 1 GG („das Aufkommen der folgenden *Steuern*"). Hierzu ist zunächst festzustellen, dass eine Ergänzungsabgabe zwar als Zwecksteuer[131] erhoben werden

129 Plenarprotokoll der 121. Sitzung des Bundesrates, 09.04.1954, S. 85 (D); *Fischer-Menshausen*, S. 164.

130 Plenarprotokoll der 121. Sitzung des Bundesrates, 09.04.1954, S. 85 (D).

131 Also eine Steuer, deren Aufkommen an einen bestimmten Zweck gebunden ist. Siehe zur Zulässigkeit der Zweckbindung des Aufkommens von Steuern BVerfG, Beschluss v 12.10.1978, 2 BvR 154/74, BVerfGE 49, S. 343, 353f.; Urteil v. 20.04.2004, 1 BvR 1748/99, 1 BvR 905/00, BVerfGE 110, S. 274, 294 sowie *Waldhoff*, S. 297ff. et passim.

kann. Die intendierte Selbständigkeit der Ergänzungsabgabe als zusätzlichem Finanzierungsinstrument des Bundes begründet jedoch keinen verfassungsrechtlichen Zwang zu einer Zweckbindung des Aufkommens[132].

Zudem ist eine Abgrenzung der Ergänzungsabgabe von Sonderabgaben vorzunehmen. In der Literatur gibt es die Forderung, eine Ergänzungsabgabe sei in Anlehnung an Überprüfungserfordernisse bei Sonderabgaben ebenfalls alljährlich auf das Vorliegen ihres Erhebungszwecks hin zu überprüfen[133]. Insofern ist klarzustellen, dass die Einordnung der Ergänzungsabgabe als Steuer eine analoge Anwendung verfassungsrechtlicher Vorgaben für nichtsteuerliche Abgaben ausschließt. Eine Ergänzungsabgabe wird gerade nicht, wie dies bei Sonderabgaben der Fall ist, von einer bestimmten Gruppe zu einem besonderen Finanzierungszweck erhoben. Vielmehr belastet die Ergänzungsabgabe als Steuer die Allgemeinheit, eine besondere Finanzierungsverantwortung eines bestimmten Personenkreises besteht gerade nicht[134]. Zudem erfordert die Erhebung einer Ergänzungsabgabe zwar einen Zweck[135], aber, vorbehaltlich einer zulässigen Ausgestaltung als Zwecksteuer, keine Bindung des Aufkommens an diesen Zweck.

Insofern unterscheidet sich die Sonderabgabe auch in ihrer technischen Ausgestaltung von einer Steuer. Da Sonderabgaben der Finanzierung eines besonderen Zwecks durch eine bestimmte Gruppe dienen, muss diese besondere Finanzierungsverantwortung dieser Gruppe tatbestandlich mit der Abgabepflicht verknüpft sein[136]. Es muss sich also aus dem Gesetz selbst ergeben, warum gerade diese Gruppe diese Finanzierungsverantwortung und damit die Abgabepflicht trifft. Da die Ergänzungsabgabe gerade keine Sonderabgabe darstellt, hat dies auch Auswirkungen auf ihre gesetzliche Ausgestaltung. Eine Ergänzungsabgabe darf deshalb gerade keine solche tatbestandliche Verknüpfung eines Finanzierungszwecks mit der Abgabepflicht aufweisen. Vielmehr muss sie als Steuer grundsätzlich von der Allgemeinheit zur Finanzierung des allgemeinen

---

132 BFH, Urteil v. 21.07.2011, II R 52/10, BStBl. II 2012, S. 43, 46; *Kube,* Fortgesetzte Erhebung, S. 11; *Wiss. Beirat EY,* S. 1312; *Selmer/Hummel,* S. 380. Hiervon zu trennen ist die Frage, ob die Ergänzungsabgabe einen besonderen Finanzierungszweck als sachliche Rechtfertigung der Erhebung erfordert, siehe hierzu 3. Kapitel, I., 1.

133 Siehe hierzu 3. Kapitel, I., 2.

134 *Seer,* in: Tipke/Lang, § 2 Rz. 15.

135 Siehe hierzu 3. Kapitel, I., 1.

136 BVerfG, Beschluss v. 17.07.2003, 2 BvL 1/99 u.a., BVerfGE 108, S. 186, 212; BVerfG, Beschluss v. 18.05.2004, 2 BvR 2374/99, BVerfGE 110, S. 370, 387f.

Haushalts erhoben werden[137]. Auf die bloße Bezeichnung einer Abgabe als Steuer oder Ergänzungsabgabe bzw. einen Verweis auf Art. 106 Abs. 1 Nr. 6 GG kommt es für die Prüfung, ob die Ergänzungsabgabe tatsächlich als Steuer erhoben wird, nicht an[138]. Vielmehr ist die gesetzliche Ausgestaltung für die Prüfung maßgeblich, ob eine nichtsteuerliche Abgabe oder eine Steuer vorliegt[139].

Eine Ergänzungsabgabe ist demnach tatbestandlich als Steuer auszugestalten. Auf die Bezeichnung als Ergänzungsabgabe kommt es nicht an. Die Ergänzungsabgabe muss, in Abgrenzung zu nichtsteuerlichen Abgaben, zur Finanzierung allgemeiner öffentlicher Aufgaben dienen. Eine tatbestandliche Verknüpfung von Finanzierungszweck und Abgabepflicht scheidet bei der Ergänzungsabgabe aus. Dennoch ist die Ausgestaltung als Zwecksteuer grundsätzlich möglich, aber nicht zwingend.

D. Verhältnis zur Einkommen- und Körperschaftsteuer

Der Wortlaut des Art. 106 Abs. 1 Nr. 6 GG impliziert eine Verbindung der Ergänzungsabgabe mit den Ertragsteuern, der Einkommen- und der Körperschaftsteuer („Ergänzungsabgabe *zur* Einkommen- und Körperschaftsteuer"). Über die genaue Beziehung zwischen der Ergänzungsabgabe und der Einkommen- und Körperschaftsteuer besteht jedoch Uneinigkeit.

1. Gleichzeitige Erhebung der Einkommen- und Körperschaftsteuer

In seinem Vorlagebeschluss hat das Schleswig-Holsteinische Finanzgericht angenommen, die Einführung einer Ergänzungsabgabe setze zunächst voraus, dass auch die Einkommen- und Körperschaftsteuer erhoben werden[140]. Näher begründet wird diese Auffassung nicht. Auch wenn diese Frage eher theoretischer

137 Deshalb prüft der BFH, bezogen auf den SolZ 1991, anhand des materiellen Gehalts des Gesetzes die Einordnung als Steuer, siehe Urteil v. 28.02.1996, XI R 83, 84/94, BFH/NV 1996, S. 712.

138 Missverständlich insofern *Rohde/Geschwandtner*, S. 3333, die den Solidaritätszuschlag deshalb als Steuer ansehen, weil in § 1 Abs. 1 SolZG Bezug auf Art. 106 Abs. 1 Nr. 6 GG genommen wird. Ebenfalls missverständlich äußert sich der BFH, der dem Einleitungssatz des Art. 106 Abs. 1 GG einen Hinweis auf die Steuereigenschaft der Ergänzungsabgabe entnehmen will, Urteil v. 21.06.2011, II R 52/10, BStBl. II 2012, S. 43, 44; Urteil v. 28.02.1996, XI R 83, 84/94, BFH/NV 1996, S. 712.

139 BVerfG, Urteil v. 19.03.2003, 2 BvL 9/98 u.a., BVerfGE 108, S. 1, 13; BVerfG, Beschluss v. 17.07.2003, 2 BvL 1/99 u.a., BVerfGE 108, S. 186, 212; BVerfG, Beschluss v. 18.05.2004, 2 BvR 2374/99, BVerfGE 110, S. 370, 387.

140 Schl.-Holst. FG, Beschluss v. 21.05.1969, II 100/68, EFG 1969, S. 355, 356.

Natur ist, da eine Abschaffung der Einkommen- und Körperschaftsteuer nicht zu erwarten ist, gehört sie doch zu einer vollständigen Untersuchung der Voraussetzungen der Erhebung von Ergänzungsabgaben dazu.

Zunächst spricht der Wortlaut für ein Erfordernis der gleichzeitigen Erhebung der Einkommen- und Körperschaftsteuer. Das Wort „Ergänzung“, zumal in Kombination mit „*zur* Einkommen- und Körperschaftsteuer“, macht deutlich, dass die Ergänzungsabgabe eben ergänzend, d.h. zusätzlich zur Einkommen- und Körperschaftsteuer erhoben werden soll. Wäre dieses Erfordernis nicht intendiert gewesen, so hätte man sich eines anderen Ausdrucks bedienen müssen. So hätte etwa die Bezeichnung „Bundesabgabe“, in Anlehnung an die alleinige Ertragshoheit des Bundes, eine weitergehende Unabhängigkeit ausgedrückt. Stattdessen ist der Begriff der Ergänzungsabgabe gewählt worden. Damit eine Steuer jedoch ergänzend erhoben werden kann, muss auch etwas existieren, das ergänzt wird. Ansonsten liefe die Bezeichnung ins Leere. So führt auch das Bundesverfassungsgericht aus, der Begriff der Ergänzungsabgabe besage, dass „diese Abgabe die Einkommen- und Körperschaftsteuer […] ergänzen, d.h. in einer gewissen Akzessorietät zu ihnen stehen soll“[141]. Die Ergänzungsabgabe kann die Einkommen- und Körperschaftsteuer jedoch nur dann ergänzen, wenn diese gleichzeitig ebenfalls erhoben werden. Ansonsten läge keine Ergänzung, sondern eine Substituierung dieser Steuern vor.

Dem Gesetzgebungsverfahren hingegen ist zu dieser Frage keine eindeutige Aussage zu entnehmen. Allerdings führte die Bundesregierung aus, dass „die steuerliche Belastung des Einkommens normalerweise in der Gestalt der Einkommensteuer und der Körperschaftsteuer erfolgen sollte“[142]. Demnach handelt es sich bei der Einkommen- und Körperschaftsteuer um die regulären Instrumente der Einkommensbesteuerung, während die Ergänzungsabgabe lediglich die Ausnahme sein sollte. Dies spricht ebenfalls dafür anzunehmen, dass die Erhebung der Ergänzungsabgabe die gleichzeitige Erhebung der vorgenannten Steuern erfordert. Weiterhin sollte die Ergänzungsabgabe durch die alleinige Ertragshoheit des Bundes eine übermäßige Erhöhung der Einkommen- und Körperschaftsteuer, deren Aufkommen zwischen Bund und Ländern geteilt wurde, vermeiden[143]. Hier geht der Verfassunggeber ebenfalls davon aus, dass die Besteuerung von Einkommen primär über die Einkommen- und

141 BVerfG, Beschluss v. 09.02.1972, 1 BvL 16/69, BVerfGE 32, S. 333, 340.
142 BT-Drs. 02/484, S. 4.
143 BT-Drs. 02/480, S. 229.

Körperschaftsteuer erfolgt und die Ergänzungsabgabe lediglich dann zum Einsatz kommt, wenn hierzu ein zusätzlicher Bedarf beim Bund besteht.

Hinzukommt, dass das Aufkommen der Einkommen- und Körperschaftsteuer für die Finanzausstattung sowohl des Bundes als auch der Länder eine große Rolle spielt. Das Ziel der Stabilisierung der Finanzverhältnisse und der Unabhängigkeit der beteiligten Körperschaften voneinander würde konterkariert, wenn diesen eine der aufkommenstärksten Steuern genommen würde. Auch insofern wollte der Verfassunggeber keine Erhebung der Ergänzungsabgabe ohne gleichzeitige Erhebung der Einkommen- und Körperschaftsteuer zulassen. Die Ergänzungsabgabe setzt demnach bereits aufgrund des Wortlauts, aber auch aufgrund der Gesetzesbegründung und der großen fiskalischen Bedeutung dieser Steuern voraus, dass gleichzeitig auch die Einkommen- und Körperschaftsteuer erhoben werden.

2. Orientierung an Einkommen- und Körperschaftsteuer

Teilweise wird vertreten, dass der im Wortlaut hergestellte Bezug zur Einkommen- und Körperschaftsteuer auch impliziert, dass sich die inhaltliche Ausgestaltung einer Ergänzungsabgabe an der Konzeption dieser Steuern zu orientieren hat[144]. Während die dortigen Aussagen relativ allgemein gehalten sind, konkretisiert das Schleswig-Holsteinische Finanzgericht die Ansicht einer starken Bindung der Ergänzungsabgabe an die Ausgestaltung der Einkommen- und Körperschaftsteuer. So müsse die Ergänzungsabgabe alle Einkommen- und Körperschaftsteuerpflichtigen belasten. Die Berücksichtigung wirtschafts- oder sozialpolitischer Ziele, die so in der Einkommen- und Körperschaftsteuer nicht verwirklicht werden, etwa in Form von Freistellungen oder Milderungen, sei nicht zulässig[145].

Eine solch enge Bindung der Ergänzungsabgabe an die Einkommen- und Körperschaftsteuer ist jedoch zu verneinen[146]. *Selmer/Hummel* begründen eine solche Bindung mit der Aussage des Bundesverfassungsgerichts, dass die Ergänzungsabgabe der Struktur der Einkommen- und Körperschaftsteuer ähnelt und auf deren Systematik aufbaut[147]. Dabei wird allerdings übersehen, dass sich diese

---

144 *Selmer/Hummel*, S. 372; *Wiss. Beirat EY*, S. 1311; *Strickrodt*, S. 483.

145 Schl.-Holst. FG, Beschluss v. 21.05.1969, II 100/68, EFG 1969, S. 355, 357.

146 Siehe auch *Hidien*, in: Bonner Kommentar, Art. 106 Rn. 1433; *Bartone*, Ergänzungsabgabe, S. 741.

147 *Selmer/Hummel*, S. 372, dort Fn. 793; BVerfG, Beschluss v. 09.02.1972, 1 BvL 16/69, BVerfGE 32, S. 333, 339.

Ausführungen des Bundesverfassungsgerichts nicht auf den Begriff der Ergänzungsabgabe im finanzverfassungsrechtlichen Sinne beziehen, sondern auf die dort streitgegenständliche einfachgesetzliche Ergänzungsabgabe. Es handelt sich vielmehr um eine Feststellung des Bundesverfassungsgerichts, dass die dortige, einfachgesetzlich eingeführte Ergänzungsabgabe auf der Systematik der regulären Steuern vom Einkommen aufbaute. Eine Aussage dahingehend, dass jede Ergänzungsabgabe diese Struktur aufweisen muss, ist hingegen nicht getroffen worden.

Vielmehr äußert sich das Bundesverfassungsgericht zu Recht dahingehend, dass bei am Leistungsfähigkeitsprinzip ausgerichteten Steuern, mithin auch bei der Ergänzungsabgabe, die „Berücksichtigung sozialer Gesichtspunkte zulässig und geboten“[148] sei. In diesem Zusammenhang betont es die Selbständigkeit der Ergänzungsabgabe als eigenständige Steuer[149], die auch in der Gesetzesbegründung zur Verfassungsänderung von 1955[150] und zum nicht verabschiedeten Ergänzungsabgabegesetz von 1954[151] zum Ausdruck kommt. In der Begründung zum Entwurf des Ergänzungsabgabegesetzes von 1954 wird außerdem deutlich gemacht, dass die Anknüpfung an die Einkommen- und Körperschaftsteuer[152] lediglich aus technischen Gründen erfolgt[153]. Nach dem klaren Willen des Verfassunggebers ist die Ergänzungsabgabe grundsätzlich eine von der Einkommen- und Körperschaftsteuer separierte, selbständige Steuer[154]. Außerdem sah bereits das zeitgleich mit der Grundgesetzänderung diskutierte Ergänzungsabgabegesetz in § 5 aus Praktikabilitätsgründen Abweichungen von der regulären Einkommensbesteuerung vor[155]. Eine strenge Bindung der Ausgestaltung der Ergänzungsabgabe an die Struktur und Systematik der Einkommen- und Körperschaftsteuer war insofern nicht intendiert und ist nicht geboten.

Dies gilt auch vor dem Hintergrund, dass das Bundesverfassungsgericht angenommen hat, die Ergänzungsabgabe dürfe nicht zu einem Aushöhlen[156]

148 BVerfG, Beschluss v. 09.02.1972, 1 BvL 16/69, BVerfGE 32, S. 333, 339.
149 BVerfG, Beschluss v. 09.02.1972, 1 BvL 16/69, BVerfGE 32, S. 333, 339.
150 BT-Drs. 02/480, S. 229.
151 BT-Drs. 02/484, S. 5.
152 Auch die damals intendierte Ergänzungsabgabe war als Zuschlagsteuer zur Einkommen- und Körperschaftsteuer vorgesehen, s. § 4 Ergänzungsabgabegesetz-E, BT-Drs. 02/484, S. 2.
153 BT-Drs. 02/484, S. 5.
154 BT-Drs. 02/480, S. 229.
155 BT-Drs. 02/484, S. 5.
156 Siehe zum Begriff des Aushöhlens: 3. Kapitel, F., 1.

der Einkommen- und Körperschaftsteuer führen. Es schlussfolgert daraus, dass die Ergänzungsabgabe in der Höhe beschränkt sei[157]. Die Berücksichtigung sozial- oder wirtschaftspolitischer Ziele führt wohl in der Regel eher zu Freistellungen oder der Gewährung von Freibeträgen, die insofern die Belastung der Steuerpflichtigen durch die Ergänzungsabgabe und damit ihr Aufkommen vermindern. Hierdurch wird der aushöhlende Effekt der Ergänzungsabgabe abgemildert, so dass vor diesem Hintergrund keine Bedenken gegen Abweichungen der Ergänzungsabgabe von der Konzeption der Einkommen- und Körperschaftsteuer bestehen.

Zudem sollte die Ergänzungsabgabe anderweitig nicht auszugleichende Bedarfsspitzen im Bundeshaushalt decken. Plötzlich auftretende Ausgabensteigerungen oder Wegfall von Einnahmen, die solche Bedarfsspitzen auslösen können, sind eher in Zeiten konjunktureller Rezession anzutreffen. Dem Gesetzgeber muss es in solchen wirtschaftlichen Krisen erlaubt sein, die Ausgabensteigerungen und Einnahmenminderungen durch Erhebung zusätzlicher Steuern wie der Ergänzungsabgabe abzufedern. Dabei darf er jedoch auch einkommensschwache Schichten von dieser Steuererhöhung ausnehmen, auch um sicherzustellen, dass die wirtschaftliche Lage für diese Schichten durch die Steuererhöhung nicht noch verschlimmert wird. Der Verfassunggeber wollte zudem die Berücksichtigung sozialer Gesichtspunkte ermöglichen, indem er betonte, dass die Höhe der Ergänzungsabgabe auch aus sozialen Gründen beschränkt sei und die Ergänzungsabgabe, im Gegensatz zur Erhöhung von Verbrauchsteuern oder der Umsatzsteuer, die Berücksichtigung sozialer Gesichtspunkte ermögliche[158].

Bereits die Wahl der Einkommensteuerschuld[159] als Bemessungsgrundlage beim zeitgleich eingebrachten Entwurf beinhaltet eine sozialpolitische Komponente. Durch den progressiven Verlauf des Einkommensteuertarifs werden durch die Ergänzungsabgabe einkommensstärkere Gruppen höher belastet als einkommensschwächere[160]. Bei einem individuellen Einkommensteuersatz von 10 % und einer Ergänzungsabgabe von 10 % beträgt die effektive Belastung des Einkommens kumuliert 11 % und somit einen Prozentpunkt mehr als ohne Ergänzungsabgabe. Bei einem individuellen Steuersatz von 45 % hingegen steigert sich die effektive Belastung um 4,5 Prozentpunkte auf 49,5 %.

---

157 BVerfG, Beschluss v. 09.02.1972, 1 BvL 16/69, BVerfGE 32, S. 333, 339, ohne jedoch eine konkrete Höhe zu nennen.

158 BT-Drs. 02/480, S. 229.

159 Aufgrund des „starren" Tarifs spielt dieser Punkt bei der Körperschaftsteuer keine Rolle.

160 *IFSt*, Ergänzungsabgabe, S. 7f.

Die Ergänzungsabgabe ist als selbständige Ertragsteuer nicht an das System der Einkommen- und Körperschaftsteuer gebunden. Sie ermöglicht die Berücksichtigung sozial- und wirtschaftspolitischer Überlegungen. Ebenso sind nicht zwangsläufig alle Einkommen- und Körperschaftsteuerpflichtigen mit der Ergänzungsabgabe zu belasten; Freistellungen sind unabhängig von den regulären Ertragsteuern möglich.

E. Bemessungsgrundlage

Die bisher erhobenen Ergänzungsabgaben waren stets als sog. Zuschlagsteuern (§ 51a Abs. 1 EStG) ausgestaltet. Bemessungsgrundlage war demnach nicht das Einkommen, sondern die festgesetzte Einkommen- bzw. Körperschaftsteuer[161]. Fraglich ist, ob diese Erhebungsform zwingend ist, oder ob die Ergänzungsabgabe auch direkt auf das Einkommen als Bemessungsgrundlage zurückgreifen kann[162].

1. Keine Festlegung auf eine bestimmte Erhebungsform

Die Gesetzesbegründung des Finanzverfassungsgesetzes von 1955 führt aus, dass die Haushaltslage des Bundes die Erhebung einer Ergänzungsabgabe erforderlich mache und „damit die Zahl der an das Einkommen anknüpfenden Steuern zu vermehren“[163] sei. Ausschlaggebend ist demnach, dass die Ergänzungsabgabe in irgendeiner Weise an das Einkommen anknüpft. Dies kann unmittelbar durch direkte Erhebung auf Basis des Einkommens als Bemessungsgrundlage geschehen oder mittelbar als Zuschlagsteuer mit der festgesetzten Einkommen- oder Körperschaftsteuer als Bemessungsgrundlage.

Denn, wie dargelegt, ist die Ergänzungsabgabe eine selbständige, gesondert von Einkommen- und Körperschaftsteuer zu erhebende Steuer[164]. Die Wahl der festgesetzten Einkommen- und Körperschaftsteuer als Bemessungsgrundlage im zeitgleich mit der Verfassungsänderung eingebrachten Ergänzungsabgabegesetz

---

161 § 3 SolZG 1995, BGBl. I 1993, S. 944, 975; § 3 SolZG 1991, BGBl. I 1991, S. 1318, 1318; § 3 Ergänzungsabgabegesetz, BGBl. I 1967, S. 1254, 1254; auch das nicht verabschiedete Ergänzungsabgabegesetz von 1954 war so konzipiert, BT-Drs. 02/484, S. 2.

162 Eine Festlegung dahingehend, dass die Ergänzungsabgabe stets von der Einkommen- und Körperschaftsteuer zu erheben ist, sieht wohl *Heckt*, S. 34. Siehe auch *Kirchhof*, in: Kirchhof, § 51a Rn. 1, der die Ergänzungsabgabe wohl stets als Zuschlagsteuer betrachtet, ebenso *Dötsch*, in: Dötsch/Pung/Möhlenbrock, SolZG, Rn. 2.

163 BT-Drs. 02/480, S. 66.

164 BT-Drs. 02/480, S. 229.

erfolgte deshalb auch lediglich aus Vereinfachungszwecken[165]. Insofern ist auch in der Ausgestaltung der (nicht verabschiedeten) Ergänzungsabgabe 1954 keine Festlegung auf eine bestimmte Erhebungsform zu sehen. Eine solche Festlegung lässt sich auch nicht daran festmachen, dass der Bundesrat eine explizite Begrenzung der Ergänzungsabgabe auf 5 % der Einkommen- und Körperschaftsteuer in Art. 106 Abs. 1 Nr. 7 GG durch Anrufung des Vermittlungsausschusses zu erreichen versuchte[166]. Denn zum einen wurde diese Begrenzung im Vermittlungsausschuss abgelehnt und deshalb nicht umgesetzt[167]. Zum anderen kann der Gesetzgeber dieses Kriterium auch dann einhalten, wenn die Ergänzungsabgabe direkt vom Einkommen erhoben wird. Dann wäre – im Fall der Verabschiedung einer solchen Begrenzung bei direkter Erhebung vom Einkommen – zu prüfen gewesen, ob die Begrenzung im Belastungsergebnis eingehalten wurde, die zusätzliche Belastung des Steuerpflichtigen also nicht mehr als 5 % der festgesetzten Einkommen- und Körperschaftsteuer beträgt. Sinn und Zweck der angestrebten Regelung war insofern die höhenmäßige Begrenzung, nicht jedoch die Festlegung auf eine bestimmte Erhebungsform. Eine Festlegung auf die festgesetzte Steuer als Bemessungsgrundlage wäre demnach selbst im Falle der Verabschiedung der Höchstgrenze nicht erfolgt. Eine Ergänzungsabgabe kann deshalb direkt vom Einkommen oder als Zuschlagsteuer erhoben werden.

2. Unterschiedliche Auswirkungen bei der Einkommensteuer

Die Wahl der Bemessungsgrundlage hat indes Auswirkungen auf die steuerliche Mehrbelastung der Einkommensteuerpflichtigen[168]. Wird als Bemessungsgrundlage die festgesetzte Steuer festgelegt, wirkt sich auch bei der Ergänzungsabgabe der progressive Tarif aus. Steuerpflichtige mit einem niedrigen individuellen Steuersatz werden proportional weniger stark zusätzlich belastet als Steuerpflichtige, die den Spitzensteuersatz zahlen[169]. Die Erhebung von der Einkommensteuer führt insofern zu einer Verschärfung der Progression[170]. Durch die Erhebung als Zuschlagsteuer kann der Gesetzgeber demnach die umverteilende Wirkung der Progression verstärken und bereits durch die Ausgestaltung als

165 BT-Drs. 02/484, S. 5.

166 BT-Drs. 02/1917, S. 2.

167 BT-Drs. 02/1938, S. 2.

168 Bei der Körperschaftsteuer ergeben sich aufgrund des proportionalen Tarifs keine Unterschiede bei der zusätzlichen steuerlichen Belastung durch die Wahl der Bemessungsgrundlage.

169 Siehe auch *IFSt*, Ergänzungsabgabe, S. 7f. sowie 3. Kapitel, E. 2.

170 *Schemmel*, S. 13.

Zuschlagsteuer sozialpolitische Ziele verfolgen. Dies ist, wie zuvor festgestellt wurde, indes nicht zwingend. Ausschlaggebend ist hingegen nur, ob die Steuer überhaupt an das Einkommen anknüpft. Der Gesetzgeber hat hier die Wahl zwischen der direkten Anknüpfung an das Einkommen oder der Ausgestaltung als Zuschlagsteuer.

F. Begrenzung der Höhe nach

Der Aspekt der Notwendigkeit einer tariflichen Obergrenze der Ergänzungsabgabe ist eine der Kernthesen der verfassungsrechtlichen Voraussetzungen ihrer Erhebung. Der Bundesrat hatte im Rahmen der Finanzreform 1955 den Vermittlungsausschuss angerufen, um eine explizite Begrenzung der Ergänzungsabgabe auf 5 % der Einkommen- und Körperschaftsteuer zu erreichen[171]. Die Länder konnten sich mit diesem Vorschlag jedoch nicht durchsetzen[172], so dass das Grundgesetz keine explizite Begrenzung der Höhe der Ergänzungsabgabe vorsieht. Gleichwohl ergibt sich aus der Systematik und dem historischen Kontext, dass die Ergänzungsabgabe in der Höhe Beschränkungen unterliegt, was im Folgenden zu zeigen ist. Im Anschluss an diese Analyse wird hieraus auch eine konkrete Belastungsgrenze entwickelt.

1. Notwendigkeit der Begrenzung

Zunächst ist demnach darzustellen, dass sich aus dem historischen Kontext der Finanzreform von 1955 und aus der Systematik der Finanzverfassung eine verfassungsimmanente, höhenmäßige Begrenzung der Ergänzungsabgabe ergibt. Hierzu muss auch ermittelt werden, was das Bundesverfassungsgericht unter einem „Aushöhlen der Einkommen- und Körperschaftsteuer“[173] versteht. Dabei wird der Begriff des Aushöhlens auf das Aufkommen und den gesetzgeberischen Spielraum bei der Einkommen- und Körperschaftsteuer sowie auf das System der Ertragshoheiten insgesamt bezogen, um darzulegen, worin eine Aushöhlungsgefahr besteht.

---

171 BT-Drs. 02/1917, S. 2; Plenarprotokoll der 150. Sitzung des Bundesrates, 02.12.1955, S. 354 (B). Der Bundesrat ging hierbei von der festgesetzten Einkommen- und Körperschaftsteuer als Bemessungsgrundlage aus.

172 BT-Drs. 02/1938, S. 2.

173 BVerfG, Beschluss v. 09.02.1972, 1 BvL 16/69, BVerfGE 32, S. 333, 339f.

I. Aushöhlen der Einkommen- und Körperschaftsteuer

Das Bundesverfassungsgericht nimmt an, dass die Ergänzungsabgabe ihrem Wesen nach Beschränkungen in der Höhe unterliegt[174]. Zwar sei, trotz entsprechender Bemühungen des Bundesrates, keine explizite Beschränkung erfolgt. Trotzdem müsse die Ergänzungsabgabe zur Vermeidung der Aushöhlung[175] der Einkommen- und Körperschaftsteuer zu diesen in einem angemessenen Verhältnis stehen[176]. Dabei geht das Bundesverfassungsgericht allerdings nicht näher darauf ein, inwiefern die Gefahr des Aushöhlens dieser Steuern besteht[177]. Die Ausführungen des Bundesverfassungsgerichts beziehen sich scheinbar auf die Gesetzesbegründung. Dort schlug der Bundesrat statt einer Ergänzungsabgabe, die allein dem Bund zusteht, ein Zuschlagsrecht jeweils des Bundes und der Länder vor. Ein solches Bundeszuschlagsrecht sei jedoch der Höhe nach zu begrenzen, um „eine Aushöhlung der Einkommensteuer und Körperschaftsteuer zu verhüten“[178]. Das Landeszuschlagsrecht sollte ebenfalls begrenzt werden, um einen zu starken Steuerwettbewerb zwischen den Ländern zu vermeiden[179]. Diesen Bedenken hielt die Bundesregierung entgegen, dass der Höhe der Ergänzungsabgabe bereits aufgrund der begrenzten steuerlichen Belastbarkeit einer Volkswirtschaft und „aus politischen und sozialen Gründen natürliche Grenzen“[180] gesetzt seien. Inwiefern jedoch ein Aushöhlen der Einkommen- und Körperschaftsteuer zu befürchten ist, wird auch hier nicht deutlich.

Ein direktes Aushöhlen in dem Sinne, dass den Ländern ein geringerer Anteil der Einkommen- und Körperschaftsteuer zur Verfügung steht, ist jedenfalls unabhängig davon, ob es sich um einen Zuschlag oder eine Ergänzungsabgabe

---

174 BVerfG, Beschluss v. 09.02.1972, 1 BvL 16/69, BVerfGE 32, S. 333, 339.

175 Der Begriff des Aushöhlens taucht im Laufe des Gesetzgebungsverfahrens auch in den Beratungen des Bundesrates auf; siehe Plenarprotokoll der 132. Sitzung des Bundesrates, 03.12.1954, S. 339 (D) sowie Plenarprotokoll der 139. Sitzung des Bundesrates, 01.04.1955, S. 70 (A). Dort bezieht sich der Begriff jedoch auf die gesamte Steuerverteilung und deren Neuordnung durch das Finanzverfassungsgesetz v. 23.12.1955. Der Bundesrat befürchtete insofern ein finanzielles Übergewicht des Bundes im Sinne eines Kostgängerwesens.

176 BVerfG, Beschluss v. 09.02.1972, 1 BvL 16/69, BVerfGE 32, S. 333, 339f.

177 Das BVerfG hat hier den Gedanken des vorlegenden Schl.-Holst. FG, Beschluss v. 21.05.1969, II 100/68, EFG 1969, S. 355, 356 aufgegriffen. Näher erläutert wird das „Aushöhlen“ dort jedoch ebenfalls nicht.

178 BT-Drs. 02/480, S. 197.

179 BT-Drs. 02/480, S. 197f.

180 BT-Drs. 02/480, S. 229.

handelt, nicht ersichtlich. Die Funktionsweise sieht vor, dass das Aufkommen der Einkommen- und Körperschaftsteuer zwischen Bund und Ländern aufgeteilt wird. Das Aufkommen der Ergänzungsabgabe stellt einen hiervon getrennten Posten dar, dessen Ertragshoheit unabhängig von der Einkommen- und Körperschaftsteuer geregelt ist. Das bedeutet, dass sich der individuelle Anteil jeder der Gebietskörperschaften an der Einkommen- und Körperschaftsteuer durch die Ergänzungsabgabe nicht ändert. In Bezug auf die verabschiedete Fassung des Finanzverfassungsgesetzes v. 23.12.1955 stehen den Ländern, unabhängig von der Höhe einer Ergänzungsabgabe, weiterhin 66 ⅔ % des Aufkommens der Einkommen- und Körperschaftsteuer zu. Die Erhebung einer Ergänzungsabgabe hat keinen Einfluss auf die Verteilung des Aufkommens dieser Steuern. Ein Aushöhlen des Aufkommens der Einkommen- und Körperschaftsteuer und damit der Beteiligung der Länder an diesem Aufkommen findet durch die Erhebung der Ergänzungsabgabe nicht statt.

Die Problematik des Aushöhlens der Einkommen- und Körperschaftsteuer besteht vielmehr in einer durch die Ergänzungsabgabe bewirkten Einschränkung des gesetzgeberischen Spielraums zur Erhöhung dieser Steuern. Die Erhebung einer Ergänzungsabgabe bewirkt eine weitere Belastung des Einkommens. Diese zusätzliche Anspannung der Finanzen der privaten Haushalte und Unternehmen führt dazu, dass für die reguläre Ertragsbesteuerung durch die Einkommen- und Körperschaftsteuer ein geringerer Spielraum besteht. Eine Erhöhung dieser Steuern, die dem Bund und den Ländern zukommen würde, ist dann in geringerem Ausmaß möglich[181].

Paradoxerweise schließt die Bundesregierung gerade aufgrund dieser beschränkten steuerlichen Belastbarkeit einer Volkswirtschaft und aufgrund von wirtschafts- und sozialpolitischen Zwängen ein Aushöhlen der Einkommen- und Körperschaftsteuer aus[182]. Zwar ist es grundsätzlich richtig, dass eine Ergänzungsabgabe bereits aufgrund der beschränkten Belastbarkeit der Steuerpflichtigen nicht beliebig hoch angesetzt werden kann. Ein Aushöhlen der Einkommen- und Körperschaftsteuer ist deshalb indes nicht ausgeschlossen. Die

181 *Schemmel*, S. 10; *IFSt*, Finanzreform, S. 4.

182 BT-Drs. 02/480, S. 229. Ein solches Aushöhlen hatte der Bundesrat befürchtet, BT-Drs. 02/480, S. 197. Diese Befürchtung wird dort nicht näher erläutert und ist vom in Plenarprotokoll der 132. Sitzung des Bundesrates, 03.12.1954, S. 339 (D); Plenarprotokoll der 139. Sitzung des Bundesrates, 01.04.1955, S. 70 (A) genannten Aushöhlen zu trennen, da es dort um das Aushöhlen des Finanzverteilungssystems an sich ging, während sich die Äußerung in BT-Drs. 02/480, S. 197 explizit auf ein Aushöhlen der Einkommen- und Körperschaftsteuer bezieht.

stärkere Anspannung der Ertragsbesteuerung durch eine Ergänzungsabgabe führt immer zu geringeren gesetzgeberischen Spielräumen bei der Einkommen- und Körperschaftsteuer. Die beschränkte steuerliche Leistungsfähigkeit einer Volkswirtschaft sowie wirtschafts- und sozialpolitische Erwägungen betreffen nicht nur die Ergänzungsabgabe, sondern eben auch die zu ergänzende Einkommen- und Körperschaftsteuer. Diese Einschränkungen der Gestaltungsspielräume sind zwar bis zu einem gewissen Grad hinzunehmen. Wie das Bundesverfassungsgericht jedoch richtigerweise feststellt, ergeben sich bereits aus diesen Überlegungen Grenzen in der Höhe der Ergänzungsabgabe[183].

II. Aushöhlen des Systems der Ertragshoheiten

Die Problematik des Aushöhlens bezieht sich jedoch nicht nur auf diesen eingeschränkten gesetzgeberischen Spielraum bei der Einkommen- und Körperschaftsteuer. Die Ergänzungsabgabe führt zudem dazu, dass dem Bund ein höheres Aufkommen bei der Ertragsbesteuerung zufließt, da sie die eigentliche Aufteilung der Ertragsteuern zugunsten des Bundes ändert[184]. Den Ländern stehen, in Bezug auf die 1955 geltende Verteilung, weiterhin 66 ⅔ % der Einkommen- und Körperschaftsteuer zu, dem Bund hingegen 33⅓ % dieser Steuern und zusätzlich das Aufkommen der Ergänzungsabgabe. Insofern findet ein Aushöhlen der Aufteilung der Ertragsteuern als neben der Umsatzsteuer wichtigsten Steuerart dahingehend statt, dass der Bund seinen Anteil an der Ertragsbesteuerung ausbaut, allerdings ohne, dass die Länder hierdurch zunächst einen direkten Nachteil in Form von Einbußen bei der Einkommen- und Körperschaftsteuer hätten.

Ein Nachteil für die Länder kann sich aber durch das Zusammenspiel der Ertragshoheiten ergeben. Die Ausweitung der Ertragsbesteuerung führt dazu, dass das Aufkommen der den Ländern zustehenden Steuern gegebenenfalls verringert wird (oder weniger stark ansteigt)[185]. So standen den Ländern zum Zeitpunkt der Einführung des Finanzverfassungsgesetzes vom 23.12.1955 die Vermögen- und die Erbschaftsteuer zu. Durch eine höhere Ertragsbesteuerung wird die Bildung von (vererbbarem) Vermögen eingedämmt, mittelbar geht den Ländern deshalb Steuersubstrat verloren. Heutzutage ist durch die Ausgestaltung der Umsatzsteuer als Verbundsteuer auch diese betroffen, da eine höhere Ertragsbesteuerung sich auf den privaten Konsum und damit auf das

---

183 BVerfG, Beschluss v. 09.02.1972, 1 BvL 16/69, BVerfGE 32, S. 333, 339.

184 *Heckt*, S. 33f.

185 Ein solches Konkurrenzverhältnis sieht auch *Hidien*, in: Bonner Kommentar, Art. 106 Rn. 1433.

Aufkommen der Umsatzsteuer auswirkt. In diese Richtung sind die Äußerungen des Bundestages zu einem Aushöhlen des Finanzverteilungssystems zu verstehen. Der Bundesrat befürchtete ein solches Aushöhlen nicht in Bezug auf die Ergänzungsabgabe, sondern in Bezug auf ein Verschieben des Finanzsystems durch das Finanzverfassungsgesetz insgesamt[186]. Durch die Übertragung weiterer Ertragshoheiten bestand laut Bundesrat die Gefahr negativer Auswirkungen auf das Aufkommen von den Ländern zustehenden Steuern[187].

Die Auswirkungen der Einschränkung des gesetzgeberischen Spielraums bei der Einkommen- und Körperschaftsteuer sowie der indirekten aufkommensmindernden Wirkung bei den Ländern zustehenden Steuern sind zwar nicht quantifizierbar, exemplifizieren jedoch die Auswirkungen, die die Ergänzungsabgabe auf das föderale Finanzsystem haben kann. Ein solches „Aushöhlen" im Sinne eines Verschiebens des Finanzsystems zugunsten des Bundes sollte nach dem Willen des Verfassunggebers jedoch grundsätzlich vermieden werden, zumal die Intention des Finanzverfassungsgesetzes v. 23.12.1955 war, Bund und Länder nach ihrem jeweiligen finanziellen Bedarf auszustatten und ein System zu etablieren, in dem die politischen Abhängigkeiten aufgrund von Unterfinanzierung weitgehend abgemildert werden. Deshalb gibt es eine verfassungsimmanente höhenmäßige Begrenzung der Ergänzungsabgabe.

2. Herleitung der zulässigen Höhe

Nachdem festgestellt wurde, dass die Ergänzungsabgabe Beschränkungen in der Höhe unterliegt, wird im Folgenden die zulässige Höchstgrenze herausgearbeitet. Das Erfordernis einer verfassungsrechtlichen Höchstgrenze resultiert aus der dargestellten Aushöhlungsgefahr und den Erwägungen des Verfassunggebers.

Es wurde gezeigt, dass die Ergänzungsabgabe sowohl als Zuschlagsteuer auf die festgesetzte Einkommen- und Körperschaftsteuer als auch direkt vom Einkommen erhoben werden kann. Die Wahl der Bemessungsgrundlage hat insofern auch Auswirkungen auf eine höhenmäßige Begrenzung des Tarifs. Die aufgrund des progressiven Tarifs unterschiedliche Wirkung der Ergänzungsabgabe bei der Einkommensteuer[188] in Abhängigkeit von ihrer Bemessungsgrundlage ist bei der Herausarbeitung einer Höchstgrenze zu beachten.

---

186 Plenarprotokoll der 132. Sitzung des Bundesrates, 03.12.1954, S. 339 (D); Plenarprotokoll der 139. Sitzung des Bundesrates, 01.04.1955, S. 70 (A).

187 Plenarprotokoll der 132. Sitzung des Bundesrates, 03.12.1954, S. 339 (D); Plenarprotokoll der 139. Sitzung des Bundesrates, 01.04.1955, S. 70 (A).

188 Siehe hierzu 3. Kapitel, E., 2.

I. Rechtsprechung zur zulässigen Höhe

Zur Bestimmung einer zulässigen Höhe wird zunächst die hierzu ergangene Rechtsprechung zu betrachten sein, wobei die bisher erhobenen Ergänzungsabgaben stets als Zuschlagsteuer ausgestaltet waren.

Die erste erhobene Ergänzungsabgabe hatte einen Tarif von 3 % der festgesetzten Einkommen- und Körperschaftsteuer (§ 4 Abs. 1 Ergänzungsabgabegesetz 1967[189]). Unter Hinweis auf die im Ergebnis nicht umgesetzte Begrenzung auf 5 % der Einkommen- und Körperschaftsteuer sahen sowohl das Schleswig-Holsteinische Finanzgericht[190] als auch das Bundesverfassungsgericht[191] den Tarif der Ergänzungsabgabe von 1967 als verfassungsrechtlich zulässig an. Wenn die Länder als mittelbar Betroffene einer Ergänzungsabgabe eine Grenze von 5 % anstrebten, aber nicht durchsetzten, dann müssten Tarife unter dieser Grenze zwangsläufig als verfassungsgemäß angesehen werden[192]. Weitere Äußerungen zur zulässigen Höhe finden sich in diesen Beschlüssen nicht.

Der Tarif des Solidaritätszuschlags 1991 betrug 3,75 % der Bemessungsgrundlage (§ 4 SolZG 1991)[193]. Diese Höhe kann im Zusammenhang mit der Entscheidung des Bundesverfassungsgerichts zur Ergänzungsabgabe 1967 als verfassungsrechtlich unproblematisch angesehen werden[194]. Der Bundesfinanzhof hat sich hierzu nicht explizit geäußert, es ist aber anzunehmen, dass er implizit von ihrer Verfassungsmäßigkeit ausging[195].

Der Solidaritätszuschlag 1995 war ursprünglich mit einem Tarif i.H.v. 7, 5 % eingeführt worden[196] und wurde zum Veranlagungszeitraum 1998 auf 5,5 % gesenkt[197]. Rechtsprechung, die sich mit dem ursprünglich gewählten

---

189 Eingeführt als Art. 1 des Gesetzes zur Verwirklichung der mehrjährigen Finanzplanung des Bundes I. Teil, Zweites Steueränderungsgesetz 1967 v. 21.12.1967, BGBl. I 1967, 1254.

190 Schl.-Holst. FG, Beschluss v. 21.05.1969, II 100/68, EFG 1969, S. 355, 356.

191 BVerfG, Beschluss v. 09.02.1972, 1 BvL 16/69, BVerfGE 32, S. 333, 339f.

192 Schl.-Holst. FG, Beschluss v. 21.05.1969, II 100/68, EFG 1969, S. 355, 356.

193 BGBl. I 1991, S. 1318, 1318.

194 Siehe auch FG Ba-Württ., Urteil v. 19.09.1991, 8 K 185/91, EFG 1992, S. 93, 95.

195 BFH, Urteil v. 25.06.1992, IV R 9/92, BStBl. II 1992, S. 702. Im dortigen Fall ging es um den Tarif für zu leistende Vorauszahlungen (§ 4 Nr. 2 i.V.m. § 3 Abs. 1 Nr. 3, Nr. 4, Nr. 6 und Nr. 7 SolZG). Der BFH entschied, dass die Vorauszahlungen in diesem Fall mit 3,75 % statt mit 7,5 % zu leisten sind und geht insofern offenbar von der Verfassungsmäßigkeit dieser Höhe aus.

196 Als. Art. 31 des Gesetzes zur Umsetzung des Föderalen Konsolidierungsprogramms, BGBl. I 1993, S. 944, 975.

197 BStBl. I 1997, S. 967, 967.

Tarif explizit auseinandersetzt, ist nicht vorhanden. Beanstandet hat der Bundesfinanzhof diese Höhe jedenfalls nicht[198]. Die Höhe von 5,5 % wurde in der Rechtsprechung explizit behandelt. Dieser Tarif wurde hierbei stets als verfassungsgemäß angesehen[199]. Zusätzlich zu der Tatsache, dass der Bundesrat mit einer Beschränkung auf 5 % einen ähnlichen Tarif fixieren wollte, wird argumentiert, dass die Ergänzungsabgabe im Vergleich zur Einkommen- und Körperschaftsteuer lediglich ein geringes Aufkommen habe und deshalb keine Aushöhlungsgefahr bestünde[200].

Die Rechtsprechung sieht demnach Tarife von bis zu 7,5 % bei einer Ausgestaltung der Ergänzungsabgabe als Zuschlagsteuer als verfassungsrechtlich zulässig an. In der Literatur findet sich hierzu kein Widerspruch. Lediglich *Schemmel* äußert sich dahingehend, dass die diskutierten Grenzen von 3 bzw. 5 % derzeit nicht zur Orientierung dienen können, allerdings ohne dies näher zu begründen oder eine anderweitige Begrenzung zu benennen[201]. Die behandelte Rechtsprechung zeigt jedenfalls einen Rahmen auf, der im Folgenden bei der Herleitung der verfassungsrechtlichen Höchstgrenze Beachtung finden wird. Mit einer konkreten Höchstgrenze hat sich die Rechtsprechung bisher nicht beschäftigt.

II. Orientierung an den Höchstgrenzen der Stabilitäts- und Konjunkturzuschläge

In der Literatur findet sich lediglich ein konkreter Vorschlag zur Höchstgrenze von Ergänzungsabgaben. In Anlehnung an den in § 26 Nr. 3b Abs. 3 StabG a.F.[202] vorgesehenen Konjunkturzuschlag, den vom 01.08.1970 bis 30.06.1971 erhobenen rückzahlbaren Konjunkturzuschlag[203] und den vom 01.07.1973 bis 30.06.1974 erhobenen Stabilitätszuschlag[204] schlägt *Reissert* eine zulässige

198 BFH, Urteil v. 01.03.2002, VI R 171/98, BStBl. II 2002, S. 440.

199 BFH, Beschluss v. 28.06.2006, VII B 324/05, BStBl. II 2006, S. 693, 694; Urteil v. 21.07.2011, II R 52/10, BStBl. II 2012, S. 43, 45; FG Köln, Urteil v. 14.01.2010, 13 K 1287/09, DStRE S. 1061, 1064; FG Münster, Urteil v. 08.12.2009, 1 K 4077/08 E, DStRE 2011, S. 92, 92, FG München, Urteil v. 18.08.2009, 2 K 108/08, EFG 2010, S. 166, 167.

200 FG Köln, Urteil v. 14.01.2010, 13 K 1287/09, DStRE S. 1061, 1064, sich anschließend BFH, 21.07.2011, II R 52/10, BStBl. II 2012, S. 43, 45.

201 *Schemmel*, S. 12.

202 Gesetz zur Förderung der Stabilität und des Wachstums der Wirtschaft v. 08.06.1967, BGBl. I 1967, S. 582, 587.

203 Gesetz über die Erhebung eines rückzahlbaren Konjunkturzuschlags zur Einkommensteuer und Körperschaftsteuer v. 25.07.1970, BGBl. I 1970, S. 1125.

204 Steueränderungsgesetz 1973 v. 28.06.1973, BGBl. I 1973, S. 676, 681.

Höchstgrenze von 10 % der festgesetzten Einkommen- und Körperschaftsteuer vor[205]. Dies wird daraus abgeleitet, dass der rückzahlbare Konjunkturzuschlag und der Stabilitätszuschlag jeweils als 10 %-iger Zuschlag auf die Einkommen- und Körperschaftsteuer erhoben wurden und § 26 Nr. 3b Abs. 3 StabG a.F. eine einjährig begrenzte Erhöhung der Einkommen- und Körperschaftsteuer, ebenfalls bezogen auf die festgesetzte Steuer, mit einer Höchstgrenze von 10 % vorsah[206]. Anhand der gesetzgeberischen Überlegungen und der Auswirkungen dieser genannten Zuschläge wird im Folgenden herausarbeitet, ob diese Höchstgrenze für die Ergänzungsabgabe herangezogen werden kann.

Die Höhe des rückzahlbaren Konjunkturzuschlags wurde nicht konkret begründet[207]. In Bezug auf die Begrenzung auf 10 % in § 26 Nr. 3b Abs. 3 StabG a.F. findet sich lediglich die Aussage, dass eine solche Obergrenze „deutlich zeigt, daß die Dinge nicht ins Maßlose gehen sollen"[208]. Die Möglichkeit der Variierung der Einkommen- und Körperschaftsteuerschuld wurde als konjunkturpolitisches Instrument eingeführt, dass der Bundesregierung (mit Zustimmung des Bundestages) im Wege der Rechtsverordnung Einfluss auf die konjunkturelle Entwicklung geben sollte. Die Begrenzung auf eine 10 %-ige Anhebung oder Minderung zeigt, dass darüber hinausgehende Zuschläge vom Gesetzgeber als zu gravierender Eingriff in die Volkswirtschaft und damit als zu große zusätzliche Belastung der Steuerpflichtigen angesehen wurden.

Hinzukommt, dass die mit dem Ziel der Konjunkturdämpfung begründete Anhebung der Einkommensteuerschuld Auswirkungen auf den Konsum und damit das Aufkommen der Umsatzsteuer und anderer Steuern hat. Damit wirken sich solche konjunkturpolitischen Maßnahmen auch auf den den Ländern zustehenden Anteil an diesen Steuern aus. Es besteht insofern auch bei einem Konjunkturzuschlag die Gefahr eines Aushöhlens des Finanzsystems als Ganzes. Diese Auswirkungen treten auch bei der Erhebung einer Ergänzungsabgabe auf. Bei der Ergänzungsabgabe kommt hinzu, dass das Aufkommen ausschließlich dem Bund zusteht, während die Erhöhung der Einkommen- und Körperschaftsteuerschuld durch den Konjunkturzuschlag Bund und Ländern gemeinsam zugestanden hätte. Die Ergänzungsabgabe führt deshalb nicht nur zu den beschriebenen konjunkturellen Folgen und geringeren Einnahmen bei anderen

---

205 *Reissert,* S. 103.

206 *Reissert,* S. 101f.

207 BT-Drs. 06/1017; Plenarprotokoll der 62. Sitzung des Bundestages, 10.07.1970, S. 3444 (C) und der 63. Sitzung des Bundestages, 11.07.1970, S. 3471 (A).

208 Plenarprotokoll der 108. Sitzung des Bundestages, 10.05.1967, S. 5124 (A).

Steuern, sondern auch zu einer Verschiebung der Beteiligungsquoten am Aufkommen der Ertragsteuern zugunsten des Bundes.

Die Herleitung einer Begrenzung der Ergänzungsabgabe aus dem einfachgesetzlichen Konjunkturzuschlag ist daher nicht „gegriffen"[209], sondern ergibt sich aus den vergleichbaren Auswirkungen, die sich wirtschaftlich aus den dargestellten Instrumenten ergeben. Die bei der Ergänzungsabgabe hinzutretende Folge der (mittelbaren) Verschiebung der Beteiligungsquoten rechtfertigt die Heranziehung der Begrenzung des insofern weniger einschneidenden Instruments des Konjunkturzuschlags zusätzlich.

Noch deutlicher wird dies bei den Beratungen zum Stabilitätszuschlag. Hier bestanden Bedenken dahingehend, dass die zunächst geplante Ergänzungsabgabe[210] i.H.v. 10 % in Kombination mit der bereits bestehenden i.H.v. 3 % für die reguläre Einkommensbesteuerung keinen Spielraum mehr ließe und so das Finanzsystem zugunsten des Bundes aushöhlen würde[211]. Diese Bedenken bestanden in Bezug auf die Ausgestaltung als Zuschlag nicht, da das Aufkommen sowohl Bund als auch Ländern zustand[212]. Durch die vergleichbaren Wechselwirkungen, wirtschaftlichen Auswirkungen und der somit vergleichbaren Gefahren sind die vorgenannten Überlegungen auf Ergänzungsabgaben im Allgemeinen übertragbar.

III. Eigener Ansatz zur zulässigen Höhe

Eine Ergänzungsabgabe i.H.v. 10 % der Einkommensteuer führt beim derzeit gültigen Spitzensteuersatz von 45 % zu einer effektiven steuerlichen Belastung des Einkommens von 49,5 %. Unabhängig von der Gültigkeit des Halbteilungsgrundsatzes[213] schränkt diese Höhe die politischen Handlungsspielräume zur Erhöhung der Einkommensteuer ein. Das Aufkommen der Ergänzungsabgabe steht zudem für privatwirtschaftlichen Konsum und Investitionen nicht zur Verfügung, so dass sich auch Auswirkungen auf die anderen Steuern ergeben. Insbesondere bei der Ermächtigung zur zeitweiligen Erhöhung der Einkommen- und Körperschaftsteuer in § 26 Nr. 3b Abs. 3 StWG a.F. wurde dieser Effekt thematisiert. Höhere Zuschläge hätten zu einer zu starken Beeinflussung der Konjunktur

---

209 *Hidien,* in: Bonner Kommentar, Art. 106 Rn. 1433.

210 Der Stabilitätszuschlag wurde im Ergebnis nicht als Ergänzungsabgabe, sondern als Zuschlag zur Einkommen- und Körperschaftsteuer erhoben, siehe 3. Kapitel, G.

211 Plenarprotokoll der 26. Sitzung des Bundestages, 04.04.1973, S. 1263 (B).

212 Plenarprotokoll der 35. Sitzung des Bundestages, 23.05.1973, S. 1971 (A).

213 Verneinend BVerfG, Beschluss v. 18.01.2006, 2 BvR 2194/99, BVerfGE 93, S. 121, 149ff.

und des Aufkommens der anderen Steuern geführt. Die höhenmäßigen Begrenzungen dieser Instrumente können trotz unterschiedlicher Spitzensteuersätze aufgrund ähnlicher zu erwartender Auswirkungen auch für die Ergänzungsabgabe herangezogen werden. Die maximale Höhe der Ergänzungsabgabe beträgt demnach 10 % bei der Erhebung als Zuschlagsteuer.

Für die direkte Erhebung vom Einkommen ergibt sich, orientiert am Spitzensteuersatz der Einkommensteuer, entsprechend ein maximaler Tarif von 5 %, der derzeit zu einer Einkommensteuerbelastung von 50 % führen würde. Ein solcher Tarif belastet zwar untere Einkommensschichten proportional stärker. Dies ist indes eine politische Entscheidung und hat keine Auswirkungen auf die verfassungsrechtlich zulässige Höchstgrenze. Diese Tarife tragen dem Steuercharakter der Ergänzungsabgabe Rechnung und lassen dem Gesetzgeber einen ausreichend großen Einschätzungsspielraum, den er bei bisher erhobenen Ergänzungsabgaben nie vollständig ausgenutzt hat. Gleichzeitig trägt die Begrenzung den Interessen der Länder an der Sicherung eines funktionierenden Finanzausgleichs Rechnung.

3. Ergebnis

Die Ergänzungsabgabe unterliegt demnach aufgrund ihrer aushöhlenden Wirkung, sowohl in Bezug auf die Einkommen- und Körperschaftsteuer durch Beschränkung des gesetzgeberischen Spielraums, als auch in Bezug auf das System der Ertragshoheiten durch negative Auswirkungen auf das Aufkommen anderer Steuern, in Kombination mit den dargestellten gesetzgeberischen Erwägungen Beschränkungen der Höhe nach. Bezüglich der zulässigen Höchstgrenze ist zunächst anhand der Rechtsprechung und in Bezug auf die angestrebte, aber nicht umgesetzte Begrenzung auf 5 % der Einkommen- und Körperschaftsteuer herausgearbeitet worden, dass Ergänzungsabgaben bis zu einer Höhe von 7,5 % der festgesetzten Einkommen- und Körperschaftsteuer verfassungsgemäß sind. Aus den ähnlichen Wirkungen der Konjunktur- und Stabilitätszuschläge, über deren Auswirkungen die Ergänzungsabgabe aufgrund dessen, dass die Länder am Aufkommen nicht beteiligt sind, noch hinausgeht, kann abgeleitet werden, dass die Ergänzungsabgabe höchstens mit einem Tarif i.H.v. 10 % der festgesetzten Einkommen- und Körperschaftsteuer erhoben werden darf. Für den Fall der Erhebung direkt vom Einkommen ergibt sich aufgrund einer ähnlichen kumulierten Spitzenbelastung eine Grenze von 5 %.

G. Erhebung mehrerer Ergänzungsabgaben

Die Frage, ob die parallele Erhebung mehrerer Ergänzungsabgaben möglich ist, wird in Literatur und Rechtsprechung nicht thematisiert. Jedoch sollte der angesprochene Stabilitätszuschlag ursprünglich als Ergänzungsabgabe eingeführt werden, obwohl bereits seit 1968 eine Ergänzungsabgabe erhoben wurde[214]. Während der Bundesrat in Bezug auf die Erhebung mehrerer Ergänzungsabgaben verfassungsrechtliche Zweifel erhob[215] und den Vermittlungsausschuss anrief[216], gingen die Bundesregierung[217] und der Finanzausschuss des Bundestages[218] von der Verfassungsmäßigkeit dieser Maßnahme aus. Da diese Stabilitätsabgabe im Ergebnis als Zuschlag zur Einkommen- und Körperschaftsteuer erhoben wurde[219], stellte sich die Frage in der Praxis nicht.

Grundsätzlich könnte der Gesetzgeber durch die Erhöhung einer bestehenden Ergänzungsabgabe seinen bestehenden Mehrbedarf decken. Die Überlegungen zur Einführung einer auf ein Jahr begrenzten zweiten Ergänzungsabgabe im Jahr 1973 fußten in erster Linie auf einer konjunkturpolitischen Abschöpfung, denn das Aufkommen sollte zunächst bei der Bundesbank stillgelegt werden. Es lag demnach kein konkreter Finanzbedarf des Bundes vor, weshalb die Einführung einer Ergänzungsabgabe nicht gerechtfertigt gewesen wäre[220].

Die Erhebung mehrerer Ergänzungsabgaben ergibt also nur dann Sinn, wenn das Aufkommen separat vereinnahmt werden und nicht in den allgemeinen Bundeshaushalt einfließen soll. Fließt die Ergänzungsabgabe jedoch in den

---

214 BT-Drs. 07/419; Plenarprotokoll der 391. Sitzung des Bundesrates, 23.03.1973, S. 70 (D) ff.

215 Plenarprotokoll der 35. Sitzung des Bundestages, 23.05.1973, S. 1970 (B); Plenarprotokoll der 391. Sitzung des Bundesrates, 23.03.1973, S. 74 (B).

216 BT-Drs. 07/640, S. 2.

217 Plenarprotokoll der 35. Sitzung des Bundestages, 23.05.1973, S. 1972 (B); Plenarprotokoll der 391. Sitzung des Bundesrates, 23.03.1973, S. 74 (B).

218 BT-Drs. 07/592, S. 6. Der Vermittlungsausschuss entsprach dem Antrag des Bundesrates zur Änderung der Gesetzesvorlage hin zu einem Zuschlag zur Einkommen- und Körperschaftsteuer. Die Gründe hierfür sind nicht zu ermitteln. Es darf jedoch bezweifelt werden, dass dies aufgrund der verfassungsrechtlichen Bedenken hinsichtlich der Erhebung zweier Ergänzungsabgaben geschehen ist.

219 Art. 4 des Steueränderungsgesetzes 1973 v. 26.06.1973, BGBl. I 1973, S. 676; siehe auch der Änderungsantrag, BT-Drs. 07/606 und die Annahme des Antrags in der 35. Sitzung des Deutschen Bundestages v. 23.05.1973, S. 1973 (B).

220 *Brockmeyer*, in: Schmidt-Bleibtreu/Hofmann/Hopfauf, Art. 106 Rn. 7f; siehe hierzu auch 3. Kapitel, I., 3., II.

allgemeinen Bundeshaushalt, bedarf es an sich keiner zweiten Ergänzungsabgabe. Eine schlichte Erhöhung der bereits bestehenden würde ausreichen. Die herausgearbeitete Beschränkung der Höhe nach muss sich allerdings sowohl auf eine Ergänzungsabgabe als auch, im Falle mehrerer Ergänzungsabgaben, auf deren kumulierte Steuersätze beziehen. Die Erhebung mehrerer Ergänzungsabgaben parallel dürfte nicht genutzt werden, um eine höhenmäßige Beschränkung zu umgehen. Die Erhebung mehrerer Ergänzungsabgaben hätte jedoch den politischen Vorteil gesteigerter Transparenz. So könnte der Bund verschiedene Ergänzungsabgaben zu verschiedenen Zwecken erheben, wodurch der Steuerpflichtige den jeweiligen Belastungsgrund besser nachvollziehen könnte. Bestenfalls könnte so die Akzeptanz für die steuerliche Zusatzbelastung gesteigert werden.

Das Ziel der Stabilisierung der Steuerverteilung im Bundesstaat und der Sicherstellung der aufgabenadäquaten Finanzierung von Bund und Ländern spricht zunächst nicht gegen die Erhebung mehrerer paralleler Ergänzungsabgaben. Die Ergänzungsabgabe darf zwar die grundsätzlich gewählte Steuerverteilung, insbesondere bei der Einkommen- und Körperschaftsteuer, nicht aushöhlen. Für die Beurteilung dieses Aushöhlens kommt es jedoch auf eine Gesamtbetrachtung der Verhältnisse an. So kann eine einzelne Ergänzungsabgabe so hoch angesetzt werden, dass sie das Finanzverteilungssystem untergräbt, während mehrere parallel erhobene Ergänzungsabgaben kumuliert diese Grenze nicht überschreiten. Systematisch ist es deshalb grundsätzlich möglich, mehrere Ergänzungsabgaben gleichzeitig zu erheben. Auch der Zweck der Ergänzungsabgabe zur Deckung anderweitig nicht auszugleichender Bedarfsspitzen spricht weder für noch gegen die Erhebung mehrerer Ergänzungsabgaben. So ist denkbar, dass bestehende Bedarfsspitzen aufgrund verschiedener haushaltspolitischer Herausforderungen entstehen, die im Sinne der Transparenz durch mehrere Ergänzungsabgaben abgedeckt werden sollen.

Allerdings verwendet die Gesetzesbegründung, ebenso wie der Wortlaut des Art. 106 Abs. 1 Nr. 6 GG, stets den Singular („die Ergänzungsabgabe“). Der Verfassunggeber hätte ebenso, wie an anderer Stelle geschehen, die Pluralform verwenden können. So ist in Art. 106 Abs. 1 Nr. 1, Nr. 2 und Nr. 5 GG die Ertragshoheit von „Zöllen“, „Verbrauchsteuern“ und „einmaligen Vermögensabgaben“ geregelt. Hier wird deutlich, dass die Finanzverfassung durchaus zwischen Steuern, deren Anknüpfungsgegenstand klar definiert ist und bei denen insofern keine simultane Erhebung mehrerer solcher Steuern vorgesehen ist („*die* Einkommensteuer“) und solchen, die lediglich dem Typus nach geregelt sind, bei denen also mehrere solcher Steuern gleichzeitig möglich sind[221], unterscheidet. Der Verfassunggeber hat sich erkennbar dafür entschieden, die Ergänzungsabgabe als Singular in die Finanzverfassung einzufügen. Intendiert war die Einführung lediglich einer zusätzlichen Steuer vom Einkommen. Die gleichzeitige Erhebung mehrerer Ergänzungsabgaben ist nach dem Wortlaut der Vorschrift ausgeschlossen.

H. Erhebungsdauer

Die Existenz einer verfassungsimmanenten zeitlichen Obergrenze der Erhebung von Ergänzungsabgaben ist die zweite Kernthese der vorliegenden Arbeit. Die zulässige Erhebungsdauer ist, neben der Beschränkung der Höhe nach, die am meisten diskutierte mögliche Erhebungsvoraussetzung der Ergänzungsabgabe. Häufig geschieht dies unter dem Begriff „Befristung“[222]. Dieser Begriff steht eher für einen von vornherein abgeschlossenen Zeitraum, mithin eine im Gesetz angelegte Erhebungsdauer. Die hier vorzunehmende Analyse wird hingegen weiter gefasst und behandelt nicht nur das mögliche Erfordernis einer normtextlichen Befristung, sondern auch die Frage, ob die Ergänzungsabgabe einer Mindest- und Höchsterhebungsdauer unterliegt.

Dabei erfolgt die nachfolgende Betrachtung unabhängig von einem Erhebungszweck[223]. Zwar beinhaltet auch die Betrachtung des Zwecks einer Ergänzungsabgabe eine zeitliche Komponente, beispielsweise im Hinblick auf eine zwischenzeitliche Zweckerreichung[224]. In erster Linie geht es dabei jedoch um die Frage, ob der Zweck, insbesondere der Finanzbedarf, weiterhin vorliegt. Dies ist von einer nachfolgend herzuleitenden verfassungsimmanenten Höchsterhebungsdauer zu trennen.

1. Mindesterhebungsdauer

Die Frage nach einer Mindesterhebungsdauer wird in der Literatur nicht näher diskutiert. Im Hinblick auf die Annahme des Bundesverfassungsgerichts, dass

---

221 Z.B. der Begriff der Verbrauchsteuern, der als Typusbegriff die Erhebung etwa der Energiesteuer oder der Tabaksteuer kompetenziell rechtfertigt.

222 *Wiss. Beirat EY,* S. 1311; *Klein,* S. 1745; *Selmer/Hummel,* S. 368.

223 *Wiss. Beirat EY,* S. 1312; *Hidien,* in: Bonner Kommentar, Art. 106 Rn. 1434; *Selmer/Hummel,* S. 375f. trennen insofern nicht klar zwischen einer Höchsterhebungsdauer und einem Zweck.

224 Siehe hierzu 3. Kapitel, J., 2.

„die Ergänzungsabgabe nicht nur für einen ganz kurzen Zeitraum erhoben werden“[225] darf, ist eine Betrachtung dieser Fragestellung jedoch geboten.

Das Bundesverfassungsgericht begründet seine nicht näher spezifizierte Aussage damit, dass die Ergänzungsabgabe als Alternative zur Vermeidung einer Erhöhung der Verbrauchsteuern gedacht war[226]. Nach Auffassung des Gerichts werden diese indirekten Steuern „erfahrungsgemäß“[227] für einen längeren Zeitraum erhoben oder erhöht. Die Verknüpfung dieser Steuern mit der Ergänzungsabgabe weise deshalb darauf hin, dass diese „nicht nur für einen ganz kurzen Zeitraum erhoben werden“[228] dürfe.

Zunächst begründet eine bisherige gesetzgeberische Übung dahingehend, dass indirekte Steuern in der Regel längerfristig erhoben bzw. erhöht werden, keine Verpflichtung für die Zukunft, dies auch weiterhin so zu handhaben. Es ist bereits deshalb nicht nachvollziehbar, warum sich aus dieser bisherigen Praxis des Gesetzgebers in Bezug auf indirekte Steuern ein Verbot eines ganz kurzen Erhebungszeitraums ergeben soll. Außerdem wurde die Ergänzungsabgabe als Alternative zur Erhöhung der Verbrauchsteuern auch damit begründet, dass so die Berücksichtigung sozialpolitischer Erwägungen möglich ist[229]. Die Ergänzungsabgabe sollte sich insofern nicht an den Verbrauchsteuern orientieren, sondern eine von diesen unabhängige Gestaltung möglich machen. Selbst wenn es also eine Verpflichtung zur längerfristigen Erhöhung der Verbrauchsteuern gäbe, so wäre diese bereits aufgrund der Eigenständigkeit der Ergänzungsabgabe nicht auf diese übertragbar. Es ist nicht ersichtlich, warum sich die explizit gesondert von der Einkommen- und Körperschaftsteuer zu erhebende Ergänzungsabgabe gerade bei der Erhebungsdauer an den indirekten Steuern orientieren soll. Es liegt keine besondere Bindung der Ergänzungsabgabe an die Einkommen- und Körperschaftsteuer vor, so dass eine Orientierung an den konzeptionell grundverschiedenen Verbrauchsteuern erst recht nicht geboten ist.

Außerdem sollte die Ergänzungsabgabe einen über den Bedarf des Bundes hinausgehenden Steuerzugriff vermeiden. Eine Mindesterhebungsdauer könnte jedoch dazu führen, dass der Bundesgesetzgeber eine Ergänzungsabgabe für einen längeren Zeitraum als benötigt einführen müsste. Dies würde zu einer

225 BVerfG, Beschluss v. 09.02.1972, 1 BvL 16/69, BVerfGE 32, S. 333, 340. In eine ähnliche Richtung gehen *Rohde/Geschwandtner*, S. 3334 („für einen nicht zu knapp bemessenen Zeitraum“) und *Hidien/Tehler*, Richtervorlage unzulässig, S. 994.

226 BVerfG, Beschluss v. 09.02.1972, 1 BvL 16/69, BVerfGE 32, S. 333, 340.

227 BVerfG, Beschluss v. 09.02.1972, 1 BvL 16/69, BVerfGE 32, S. 333, 340.

228 BVerfG, Beschluss v. 09.02.1972, 1 BvL 16/69, BVerfGE 32, S. 333, 340.

229 BT-Drs. 02/480, S. 229.

unnötigen Mehrbelastung der Steuerpflichtigen führen. Dem Ausnahmecharakter der Ergänzungsabgabe würde eine Mindesterhebungsdauer ebenfalls nicht gerecht. Eine länger als nötig erhobene Ergänzungsabgabe würde nicht nur die Steuerpflichtigen über Gebühr belasten, sondern führt auch zu einer unnötigen Verschiebung des Finanzsystems zugunsten des Bundes. Dies ist vor dem Hintergrund der Verhinderung eines Kostgängerwesens gerade nicht gewollt.

Hinzukommt, dass die Ergänzungsabgabe ein flexibles Element zur Stabilisierung der Steuerverteilung darstellt. Diese Flexibilität würde eingeschränkt, wenn dem Gesetzgeber eine Mindesterhebungsdauer auferlegt würde. Es ist demnach verfassungsrechtlich nicht vorgegeben, dass eine Ergänzungsabgabe für einen Mindestzeitraum erhoben werden muss, wie es das Bundesverfassungsgericht andeutet.

2. Befristung

Mit Befristung ist wie dargelegt gemeint, dass die Erhebungsdauer von vornherein gesetzlich festgelegt ist. Unabhängig von der im Folgenden zu erörternden Frage einer Höchsterhebungsdauer ist zunächst zu klären, ob eine konkrete gesetzliche Befristung verfassungsrechtlich erforderlich ist.

Das Bundesverfassungsgericht nimmt an, dass eine solche Befristung verfassungsrechtlich nicht geboten ist[230]. Richtigerweise stellt es fest, dass ein verfassungsrechtlich explizit festgelegtes Befristungserfordernis nie Gegenstand des Verfassungsänderungsverfahrens war[231]. Obgleich die Argumentation nicht durchgehend zwischen einem Befristungserfordernis und dem Erfordernis einer zeitlich beschränkten Erhebung klar trennt, geht das Bundesverfassungsgericht jedenfalls davon aus, dass die im Gesetzgebungsverfahren getätigten Äußerungen zu unbestimmt seien, um hieraus ein Befristungserfordernis abzuleiten[232].

In Bezug auf eine von vornherein festgelegte Befristung ist dem Bundesverfassungsgericht zuzustimmen. Das Erfordernis einer Befristung würde zwar den Ausnahmecharakter der Ergänzungsabgabe betonen, ist aber im Hinblick auf die Vermeidung eines Kostgängerwesens nicht geboten. Für die Vermeidung eines Verschiebens des Gleichgewichts kommt es, neben der Höhe, auf die tatsächliche Erhebungsdauer an. Unerheblich ist, ob diese Erhebungsdauer von vornherein festgelegt wurde. In diese Richtung sind auch die Äußerungen des Verfassunggebers zu verstehen. Die Ergänzungsabgabe sei demnach nicht „für die Dauer“[233]

230 BVerfG, Beschluss v. 09.02.1972, 1 BvL 16/69, BVerfGE 32, S. 333, 340.
231 BVerfG, Beschluss v. 09.02.1972, 1 BvL 16/69, BVerfGE 32, S. 333, 341.
232 BVerfG, Beschluss v. 09.02.1972, 1 BvL 16/69, BVerfGE 32, S. 333, 341.
233 BT-Drs. 02/484, S. 4.

und nur für den „Zeitraum […], in dem die Deckungslücke des Bundeshaushalts nicht anderweitig geschlossen werden kann“[234] gedacht. Dies deutet bereits an, dass eine Ergänzungsabgabe zeitlichen Beschränkungen unterliegt. Dass diese zeitliche Beschränkung indes bereits im Gesetz angelegt sein muss, lässt sich diesen Äußerungen nicht entnehmen und ist auch aufgrund der Tatsache, dass der zeitgleich zur Grundgesetzänderung diskutierte Gesetzesentwurf von 1954 keine Befristung enthielt, abzulehnen. Obgleich eine gesetzliche Befristung grundsätzlich möglich ist[235], besteht jedoch keine verfassungsrechtliche Pflicht zur Befristung eines Ergänzungsabgabegesetzes[236].

3. Höchsterhebungsdauer

Aus der Feststellung, ein Ergänzungsabgabegesetz müsse nicht von vornherein befristet werden, lässt sich indes nicht schließen, dass die Erhebung einer Ergänzungsabgabe keinerlei zeitlichen Beschränkungen unterliegt[237]. Insofern stellt sich zunächst die Frage, ob sich aus dem Willen des Verfassunggebers und der Systematik der Finanzverfassung die Notwendigkeit einer zeitlichen Höchstgrenze ergibt. Im Anschluss daran ist zu untersuchen, wie lang demnach eine Ergänzungsabgabe erhoben werden darf.

I. Verfassungsrechtliches Gebot einer Höchsterhebungsdauer

a) Gesetzgeberische Erwägungen und Wortlaut

Der Begriff der Ergänzungsabgabe enthält in seinem Wortlaut zunächst keine ausdrückliche zeitliche Komponente[238]. Gleichwohl ist dem Wortlaut zu entnehmen, dass die Abgabe ergänzend zur Einkommen- und Körperschaftsteuer erhoben wird. Er unterstreicht somit den Ausnahmecharakter der Ergänzungsabgabe. Der Ausnahmecharakter deutet jedenfalls eine zeitlich beschränkte Erhebungsdauer an[239].

Zudem lässt sich bereits aus den Erwägungen des Verfassunggebers entnehmen, dass die Ergänzungsabgabe nicht auf Dauer angelegt sein darf. Zwar

---

234 BT-Drs. 02/484, S. 5.

235 BVerfG, Beschluss v. 19.11.1999, 2 BvR 1167/96, NJW S. 797, 798; BFH, Urteil v. 28.02.1996, XI R 83, 84/94, BFH/NV 1996, S. 712; *Hidien/Tehler,* Richtervorlage unzulässig, S. 994.

236 I.E. auch *Kube,* Fortgesetzte Erhebung, S. 10.

237 *Birk,* S. 1002.

238 *Selmer/Hummel,* S. 372.

239 *Kanzler,* Permanenter Solidaritätszuschlag, S. 901; *Birk,* S. 1003.

sieht das Bundesverfassungsgericht die Äußerungen im Gesetzgebungsverfahren nicht als konkret genug an, um eine beschränkte Erhebungsdauer anzunehmen[240]. Gleichwohl deuten sie zumindest darauf hin, dass die Erhebung nicht zeitlich unbegrenzt möglich sein sollte. Der Begriff „Bedarfsspitzen“[241] zeigt darüber hinaus, dass die Ergänzungsabgabe der Finanzierung relativ kurzfristiger Engpässe im Bundeshaushalt dienen sollte. Ein finanzieller Spitzenbedarf kann nicht auf Dauer vorliegen, da es sich ansonsten um ein „Finanzbedarfsplateau“[242] oder eine „Hochebene“[243] handeln würde. Auch die Formulierungen „im Notfalle“[244] bzw. „in Notfällen“[245] im Rahmen der Diskussionen im Bundesrat zeigen, dass die Ergänzungsabgabe zumindest nicht als Dauerinstrument gedacht war[246]. Insbesondere die Aussagen im weiteren Gesetzgebungsverfahren zeigen auf, dass die Ergänzungsabgabe „keineswegs für die Dauer, sondern lediglich für Ausnahmelagen“[247] und „nur für den Zeitraum [...], in dem die Deckungslücke [...] nicht anderweitig geschlossen werden kann“[248] gedacht war. Hier wird der klare Wille des Verfassunggebers erkennbar, die Ergänzungsabgabe jedenfalls nicht als dauerhaftes Finanzierungselement einzuführen[249].

Zu beachten ist auch, dass Bundesfinanzminister *Schäffer* in einer Sitzung des Bundesrates bei den Beratungen zum Finanzverfassungsgesetz die Auffassung vertrat, dass „die Ergänzungsabgabe nach dem jeweiligen Bedarf des Bundes von Jahr zu Jahr im Haushaltsgesetz festgelegt werden“[250] solle. Auch *Fischer-Menshausen* nahm an, dass die Entscheidung über die Erhebung „regelmäßig [...] nur im Zusammenhang mit der Verabschiedung des Bundeshaushalts zu treffen“[251] sei. Wenngleich sich hieraus keine Einschränkungen der Gesetzgebungskompetenz dahingehend ergeben, dass die Ergänzungsabgabe stets nur im

240 BVerfG, Beschluss v. 09.02.1972, 1 BvL 16/69, BVerfGE 32, S. 333, 341.
241 BT-Drs. 02/480, S. 72.
242 Nds. FG, Beschluss v. 25.11.2009, 7 K 143/08, DStR 2010, S. 854, 857.
243 Nds. FG, Beschluss v. 25.11.2009, 7 K 143/08, DStR 2010, S. 854, 858.
244 Plenarprotokoll der 150. Sitzung des Bundesrates, 02.12.1955, S. 353 (A).
245 Plenarprotokoll der 121. Sitzung des Bundesrates, 09.04.1954, S. 87 (B).
246 Siehe auch Nds. FG, Beschluss v. 25.11.2009, 7 K 143/08, DStR 2010, S. 854, 857; Beschluss v. 21.08.2013, 7 K 143/08, DStRE 2014, S. 534, 541.
247 BT-Drs. 02/484, S. 4.
248 BT-Drs. 02/484, S. 5.
249 Im Ergebnis auch *Birk,* S. 1003; *Strickrodt,* in: Handwörterbuch des Steuerrechts, S. 428.
250 Plenarprotokoll der 121. Sitzung des Bundesrates, 09.04.1954, S. 85 (D).
251 *Fischer-Menshausen*, S. 164.

zeitlichen Zusammenhang mit dem Haushaltsgesetz eingeführt werden kann[252], zeigt auch diese Bezugnahme auf die Verabschiedung des Haushalts, dass von einer begrenzten Erhebungsdauer ausgegangen wurde. Art. 110 Abs. 2 Satz 1 GG regelte in der damals gültigen Fassung, dass der Haushaltsplan des Bundes vor Beginn des Rechnungsjahres per Gesetz festzustellen war[253]. Die damaligen Haushaltsgesetze hatten deshalb grundsätzlich eine Laufzeit von einem Jahr. Indem die Ergänzungsabgabe in Zusammenhang mit dem Haushaltsgesetz gestellt wird, wird impliziert, dass sie regelmäßig ebenfalls auf ein Jahr begrenzt werden müsse. Hierauf wird bei der Herleitung einer konkreten Höchsterhebungsdauer einzugehen sein. Der hergestellte Bezug bekräftigt jedenfalls, dass die Ergänzungsabgabe nicht als Dauerfinanzierungsinstrument gedacht war und legt eine verfassungsimmanente zeitliche Begrenzung nahe.

Aus diesen Erwägungen erklärt sich auch, dass ein ausdrückliches Befristungserfordernis bzw. eine grundgesetzliche Festlegung einer Höchsterhebungsdauer nicht Gegenstand des Gesetzgebungsverfahrens war[254]. Sowohl der Bundestag als auch der Bundesrat gingen erkennbar davon aus, dass die Ergänzungsabgabe nicht dauerhaft erhoben werden sollte. Eine explizite Festlegung einer Höchsterhebungsdauer wurde offenbar nicht für notwendig erachtet. Dem Gesetzgebungsverfahren und dem Wortlaut lassen sich somit keine konkreten zeitlichen Grenzen entnehmen, es wird jedoch deutlich, dass die Ergänzungsabgabe nicht als Dauerfinanzierungsinstrument gedacht ist[255].

b) Aushöhlen der Einkommen- und Körperschaftsteuer

Zudem besteht auch in einer langfristigen Erhebung einer Ergänzungsabgabe die Gefahr des Aushöhlens der Einkommen- und Körperschaftsteuer[256]. Wie

---

252 Siehe hierzu 3. Kapitel, B.

253 Mittlerweile können Haushaltsgesetze auch mehrere Rechnungsjahre umfassen, Art. 110 Abs. 2 Satz 1 GG.

254 BVerfG, Beschluss v. 09.02.1972, 1 BvL 16/69, BVerfGE 32, S. 333, 341.

255 Im Ergebnis auch *Meßbacher-Hönsch*, S. 1011; *Kanzler*, Der immerwährende Solidaritätszuschlag, S. 2204; *Strickrodt*, Handwörterbuch des Steuerrechts, S. 427.

256 Diesen Zusammenhang sehen auch *Rohde/Geschwandtner*, S. 3334: „Der Solidaritätszuschlag darf daher die beiden Gemeinschaftsteuern nicht aushöhlen. Gleichwohl ist eine zeitliche Begrenzung nicht in die Verfassung aufgenommen worden". Die Verknüpfung mit „gleichwohl" macht den Zusammenhang zwischen Erhebungsdauer und Gefahr des Aushöhlens deutlich. Unter Hinweis auf die Zustimmung des Bundesrates zum SolZG verneint das FG Köln, Urteil v. 14.01.2010, 13 K 1287/09, DStRE S. 1061, 1063 eine „unzulässige Verschiebung durch die andauernde Erhebung", erkennt damit aber zumindest die grundsätzliche Gefahr eines Aushöhlens

dargelegt besteht diese Gefahr zum einen darin, dass eine weitere Erhöhung der Einkommen- und Körperschaftsteuer aufgrund der bereits vorliegenden Belastung nicht vertretbar sein kann und zum anderen darin, dass das Aufkommen der anderen Steuern, insbesondere der Umsatzsteuer, beeinträchtigt werden kann.

Der erste Aspekt hat für die Erhebungsdauer vor allem mittelbare Auswirkungen. Die langfristige Erhebung einer Ergänzungsabgabe schränkt den gesetzgeberischen Spielraum in Bezug auf die Einkommen- und Körperschaftsteuer auch langfristig ein. Sie führt zu einer dauerhaften Belastung des Einkommens und damit zu weniger Gestaltungsfreiheit bei der Erhöhung der ordentlichen Einkommensbesteuerung. Dies verdeutlicht wiederum den Ausnahmecharakter der Ergänzungsabgabe. Die Ergänzungsabgabe steht in Konkurrenz zu diesen Ertragsteuern. Sie bedarf bereits deshalb eines zeitlich abgrenzbaren Erhebungsrahmens, der nicht überschritten werden darf[257].

Der zweite Aspekt wirkt sich unmittelbarer aus. Die langfristige Erhebung einer Ergänzungsabgabe führt hier zu einer dauerhaften Abschöpfung von Kaufkraft und somit, vor allem langfristig, zu einem Rückgang (oder geringeren Anstieg) des Aufkommens der anderen Steuern, insbesondere der Umsatzsteuer. Die Ergänzungsabgabe steht mithin nicht nur in Konkurrenz zur Einkommen- und Körperschaftsteuer, sondern zudem durch wirtschaftliche Effekte auch zu anderen Steuern. Der aushöhlende Effekt verstärkt sich bei einer langfristig erhobenen Ergänzungsabgabe noch, u.a. wird diese zusätzliche Steuer dann auch in Belastungsrechnungen zur Standortwahl eines Unternehmens einfließen und diese Entscheidung mit beeinflussen[258].

Der bei langfristiger Erhebung ebenfalls auftretende Aushöhlungseffekt der Ergänzungsabgabe spricht zusätzlich dafür, dass die Abgabe nicht dauerhaft erhoben werden darf, sondern nur in einem zeitlich beschränkten Rahmen. Es wäre ein Widerspruch zu fordern, dass die Ergänzungsabgabe zur Vermeidung des Aushöhlens der Einkommen- und Körperschaftsteuer in der Höhe beschränkt sei, dann aber eine vollständig zeitlich unbegrenzte Erhebung zuzulassen. Die Gefahr des Aushöhlens besteht sowohl bei einer hoch angesetzten Ergänzungsabgabe als auch bei einer langfristig erhobenen. Eine dauerhafte

---

durch eine langfristige Erhebung an. *Rama*, S. 25 verneint einen Zusammenhang einer Aushöhlungsgefahr mit der Dauer der Erhebung.

257 *Schemmel*, S. 10.

258 *Schemmel*, S. 10.

Erhebung auch einer geringen Ergänzungsabgabe verschiebt die Aufteilung der Steuern zugunsten des Bundes.

c) Verhältnis zur Revisionsklausel

Auch das Argument, die Erhebung einer Ergänzungsabgabe habe die allzu häufige Revision der Beteiligungsquoten gemäß Art. 106 Abs. 4 GG 1955 vermeiden wollen und unterliege auch deshalb keinem Befristungserfordernis[259], überzeugt nicht. Zwar ist es richtig, dass dem Bund ein flexibles Ventil für Bedarfsspitzen eingeräumt werden sollte, mit dem er auf Ausgabensteigerungen, die durch den Finanzausgleich, insbesondere durch seine Beteiligung am Aufkommen der Einkommen- und Körperschaftsteuer, nicht gedeckt sind, auffangen kann. Insofern sollten, in Erinnerung an die harten Verhandlungen über die Inanspruchnahmegesetze, häufige Verhandlungen über die Beteiligungsquoten vermieden werden. Gleichzeitig sollte jedoch, auch da das Aufkommen der Steuern für die Zukunft und die Aufgabenverteilung im Bundesstaat weiterhin schwer abschätzbar waren, keine Zementierung des nun gefundenen Kompromisses bezweckt werden. Die Revisionsklausel wurde in den Verhandlungen vor allem als für den Bund gemacht dargestellt[260]. Dies ist in erster Linie darauf zurückzuführen, dass der Bund bisher Kostgänger der Länder war. Insofern sollte sichergestellt werden, dass der Bund bei einem dauerhaften Kostenanstieg durch Revision der Beteiligungsquoten wieder angemessen finanziert wird. Die Ergänzungsabgabe war indes nicht als vollständiger Ersatz für die Revision der Beteiligungsquoten gedacht. Aus der Erfahrung der Inanspruchnahmegesetze, die häufig für den Bund zu spät verabschiedet wurden, sollte ein Instrument geschaffen werden, mit dem der Bund Bedarfsspitzen abdecken konnte, ohne das langwierige Prozedere der Verhandlungen im Rahmen der Revisionsklausel auf sich zu nehmen und dort dann ggf. zu spät zu einer Lösung zu kommen. Handelt es sich jedoch um einen dauerhaften Mehrbedarf, ist der Weg über die Revisionsklausel zu gehen. Insofern waren sich Bund und Länder in den Verhandlungen einig, dass die gefundene Lösung für den Finanzausgleich keine dauerhafte, lediglich eine dauerhaftere, sein könne. Dazu waren auch 1955 die zukünftigen Verhältnisse zu unklar.

---

259 BVerfG, Beschluss v. 09.02.1972, 1 BvL 16/69, BVerfGE 32, S. 333, 340.

260 Die Revisionsklausel wird dort meist im Zusammenhang mit der Sicherungsklausel des Art. 106 Abs. 5 GG 1955 genannt, die den Ländern einen angemessenen finanziellen Ausgleich garantiert, wenn ihnen durch Bundesgesetze neue Ausgaben entstehen. Die Revisionsklausel wird quasi als Gegenstück für den Bund angesehen.

II. Zulässige Höchsterhebungsdauer

Die Ergänzungsabgabe ist demnach nicht als Dauerfinanzierungsinstrument intendiert gewesen und unterliegt insofern zeitlichen Beschränkungen im Sinne einer Höchsterhebungsdauer[261]. Dies ergibt sich bereits aus dem klaren Willen des Verfassunggebers und zusätzlich aus der Systematik der Finanzverfassung. Es stellt sich insofern die Frage, wie lange eine Ergänzungsabgabe erhoben werden darf.

a) Bezug zum Haushaltsgesetz

Die Einführung einer Ergänzungsabgabe wurde zunächst in den Zusammenhang mit der Verabschiedung des Haushaltsgesetzes gestellt[262]. Da zu diesem Zeitpunkt die Haushaltsgesetze gemäß Art. 110 Abs. 2 Satz 1 GG a.F. für ein Jahr verabschiedet wurden, liegt es insofern nahe, auch eine Erhebungsdauer von einem Jahr anzunehmen. Eine solche Annahme kann jedoch nicht durch die gesetzgeberischen Erwägungen bestätigt werden. Kann aus einer singulären Äußerung des Finanzministers bereits keine Einschränkung der Gesetzgebungskompetenz gesehen werden[263], ist die Annahme einer verfassungsimmanenten Höchsterhebungsdauer als schwerer wiegender Einschränkung des Gestaltungsspielraums des Steuergesetzgebers von einem Jahr erst recht nicht gerechtfertigt. Auch die sachliche Nähe der Ergänzungsabgabe zu den in der Praxis stets auf ein Jahr begrenzten Inanspruchnahmegesetzen rechtfertigt eine solche Annahme nicht. Die Ergänzungsabgabe sollte dem Gesetzgeber eine im Vergleich zur Inanspruchnahme flexiblere und selbständigere Möglichkeit zur Ausgabendeckung eröffnen. Dies muss sich auch in einer Höchsterhebungsdauer widerspiegeln. Die Erhebung einer Ergänzungsabgabe ist deshalb jedenfalls nicht starr auf ein Jahr begrenzt.

---

261 A.A. *Selmer*, Ergänzungsabgabe, S. 383, der aufgrund der bisherigen Rechtsprechung zu dem Ergebnis kommt, der Solidaritätszuschlag und damit auch die Ergänzungsabgabe sei als „Dauerfinanzierungsinstrument des Bundes fest installiert".

262 Plenarprotokoll der 121. Sitzung des Bundesrates, 09.04.1954, S. 85 (D); *Fischer-Menshausen*, S. 164.

263 Siehe 3. Kapitel, B.

b) Bezug zur Revisionsklausel des Art. 106 Abs. 4 GG i.d.F. v. 23.12.1955

Parallel zur Einführung der Ergänzungsabgabe in das Grundgesetz wurde die Revisionsklausel des Art. 106 Abs. 4 GG i.d.F. v. 23.12.1955 eingefügt. Gemäß Art. 106 Abs. 4 Satz 2 GG 1955 war eine Änderung der Beteiligungsquoten an der Einkommen- und Körperschaftsteuer frühestens zwei Jahre nach Inkrafttreten des letzten Änderungsgesetzes möglich. Wenn die Ergänzungsabgabe die Finanzverhältnisse im Bundesstaat effektiv stabilisieren soll, dann muss die zulässige Erhebungsdauer mindestens diese zwei Jahre betragen. Würde man eine geringere zulässige Erhebungsdauer annehmen, dann hätte der Bund keine Handhabe, eine Änderung der Beteiligungsverhältnisse zur Deckung seines Bedarfs herbeizuführen. Die die Revisionsklausel unterstützende Funktion der Ergänzungsabgabe würde unterlaufen. Auch insofern wäre eine Begrenzung auf ein Jahr damit nicht in Einklang zu bringen.

Fraglich ist indes, ob dieser innere Bezug der Ergänzungsabgabe zur Revisionsklausel die Annahme einer Höchsterhebungsdauer von zwei Jahren rechtfertigt[264]. Dies ist jedoch abzulehnen[265], da nicht jeder zusätzliche Finanzbedarf die Anwendung der Revisionsklausel erfordert. Es muss sich vielmehr um einen dauerhafteren Bedarf handeln, der dann über die regulären Steuern zu decken ist. Ein Finanzbedarf muss allerdings nicht notwendigerweise in diesem Sinne dauerhaft sein, wenn er mehr als zwei Jahre vorliegt. Die Revisionsklausel muss nicht zwangsläufig für jeden Bedarf, der über die Begrenzung ihrer Anwendung hinaus vorliegt, auch angewendet werden. Es handelt sich vielmehr um eine Begrenzung mit dem Sinn und Zweck, die Anwendung der Revisionsklausel aufgrund der Erfahrungen mit den Inanspruchnahmegesetzen nicht allzu häufig notwendig werden zu lassen. Insofern ist die Begrenzung der Ergänzungsabgabe auf die frühestens wieder zulässige Anwendung der Revisionsklausel nicht gerechtfertigt, da eine Anwendung der Revisionsklausel sofort mit Ablauf der zweijährigen Frist nicht zwingend ist.

c) Orientierung an der mehrjährigen Finanzplanung

Das flexible Element der ursprünglichen Revisionsklausel zur Anpassung der Anteile von Bund und Ländern am Aufkommen der Einkommen- und Körperschaftsteuer existiert nicht mehr. Es wurde jedoch herausgearbeitet, dass die

---

264 Das Schl.-Holst. FG, Beschluss v. 21.05.1969, II 100/68, EFG 1969, S. 355, 357 „neigt" zu einer Dauer von zwei Jahren. *Schemmel*, S. 14 geht ebenfalls von einer zweijährigen Erhebungsdauer aus, ebenso *Schulemann*, S. 10.

265 I.E. auch *Selmer/Hummel*, S. 378.

Möglichkeit der Anpassung der Umsatzsteueranteile nunmehr neben der Ergänzungsabgabe ein solches flexibles Element darstellt. Insofern ist zu prüfen, ob sich aus dieser Regelung Aussagen über die zeitliche Höchstgrenze der Erhebung einer Ergänzungsabgabe ableiten lassen.

Eine zeitliche Beschränkung der Neufestsetzung der Umsatzsteueranteile findet sich in Art. 106 Abs. 3 GG n.F. nicht mehr. Art. 106 Abs. 3 Satz 3 Nr. 1 Satz 2 GG n.F. verlangt allerdings, dass für die Ermittlung der notwendigen Ausgaben von Bund und Ländern eine mehrjährige Finanzplanung aufzustellen ist. Da diese Möglichkeit der Neufestsetzung der Umsatzsteueranteile für die Auslegung einer Ergänzungsabgabe die Revisionsklausel des Art. 106 Abs. 4 Satz 2 GG i.d.F. v. 23.12.1955 als flexibles Element ersetzt hat, liegt es nahe, sich bei der Ermittlung einer zulässigen Erhebungsdauer an dieser Regelung zu orientieren[266]. Das Erfordernis einer mehrjährigen Finanzplanung im Sinne dieser Vorschrift hat zwar bisher in der Praxis der Neufestsetzung keine konsequente Umsetzung gefunden[267]. Gleichwohl nimmt der Bund gemäß § 9 StabG eine fünfjährige Finanzplanung als Basis der Haushaltswirtschaft vor. Da es für die Erhebung der Ergänzungsabgabe in erster Linie auf einen Mehrbedarf *des Bundes* ankommt[268], kann auf diese Finanzplanung als Maßstab zurückgegriffen werden. Das vorlegende Schleswig-Holsteinische Finanzgericht[269] und das Bundesverfassungsgericht[270] stellen diese Verbindung mit § 9 StabG ebenfalls her[271]. Das Finanzgericht lehnt jedoch den Erhebungszeitraum von fünf Jahren als zu lang ab. Die mehrjährige Finanzplanung sei zu unsicher, um einen Spitzenfinanzbedarf zu prognostizieren. Das *IFSt* lehnt ebenfalls die Einbeziehung einer

266 Für eine Orientierung an der mittelfristigen Finanzplanung plädiert auch *Strickrodt*, in: Handwörterbuch des Steuerrechts, S. 428. *Kube*, Fortgesetzte Erhebung, S. 14 stellt zumindest ebenfalls einen Zusammenhang von zeitlichen Grenzen der Erhebung einer Ergänzungsabgabe und der Möglichkeit der Anpassung der Umsatzsteueranteile her, ohne hieraus jedoch eine konkrete Höchsterhebungsdauer abzuleiten.

267 *Seiler*, in: Maunz/Dürig, Art. 106 Rn. 156.

268 Siehe hierzu 3. Kapitel, I., 3., I.

269 Schl.-Holst. FG, Beschluss v. 21.05.1969, II 100/68, EFG 1969, S. 355, 357.

270 BVerfG, Beschluss v. 09.02.1972, 1 BvL 16/69, BVerfGE 32, S. 333, 342.

271 Das vorlegende Nds. FG nimmt in seinen beiden Vorlagebeschlüssen, v. 25.11.2009 und v. 21.08.2013 7 K 143/08, DStR 2010, S. 854, 858 und DStRE 2014, S. 534, 541 ebenfalls auf die mittelfristige Finanzplanung Bezug. Dies beschränkt sich jedoch auf die Feststellung, dass eine mittelfristige Finanzplanung einen Zeitraum von fünf Jahren beträgt und die Erhebung für mehr als zehn Jahre als langfristig einzuordnen und unzulässig ist.

Ergänzungsabgabe in die mittelfristige Finanzplanung ab und hält einen Erhebungszeitraum von vier Jahren für zu lang[272]. Das Bundesverfassungsgericht stellt dem entgegen, dass Reformprojekte auch im Rahmen der Finanzplanung langfristig geplant werden müssen. Eine zeitliche Beschränkung folgert es aus § 9 StabG nicht[273].

Dem Finanzgericht ist insofern zuzustimmen, als dass die Finanzplanung erheblichen Unsicherheiten unterliegt, weshalb sie auch gemäß § 9 Abs. 3 StabG jährlich an die Entwicklung anzupassen ist. Es handelt sich bei der Ergänzungsabgabe jedoch nicht um eine nichtsteuerliche Abgabe, deren Bedarf konkret dargelegt werden muss. Als Steuer unterliegt die Ergänzungsabgabe grundsätzlich einer weiten Einschätzungsprärogative des Bundesgesetzgebers. Der Spitzenfinanzbedarf, der die Erhebung einer Ergänzungsabgabe rechtfertigt, ist mithin nicht so konkret zu beziffern, als dass dies im fünfjährigen Finanzplan nicht möglich wäre[274]. Vielmehr ist insofern dem Bundesverfassungsgericht zuzustimmen, das dem Gesetzgeber im Sinne der Planungssicherheit auch langfristigere Reformprojekte durch die Ergänzungsabgabe ermöglichen will. Gleichwohl muss der Spitzenfinanzbedarf des Bundes als Rechtfertigung für die Erhebung tatsächlich planbar sein. Eine Finanzplanung über fünf Jahre hinaus birgt diesbezüglich zu große Unsicherheit, weshalb sich der einfache Gesetzgeber auch für diesen Zeitraum für die mittelfristige Finanzplanung entschieden hat. Eine Höchsterhebungsdauer von fünf Jahren garantiert eine zumindest relativ gesicherte Planbarkeit, lässt dem Gesetzgeber aber auch einen, dem Steuercharakter genügenden, Einschätzungsspielraum.

4. Ergebnis

Die Ergänzungsabgabe unterliegt keiner Mindesterhebungsdauer und ist auch nicht von vornherein zu befristen. Die Untersuchung hat aber ergeben, dass die Ergänzungsabgabe bereits nach dem Willen des Verfassunggebers nicht als Dauerfinanzierungsinstrument intendiert war. Hinzu kommen die auch in zeitlicher Hinsicht bestehende Gefahr des Aushöhlens der Einkommen- und Körperschaftsteuer und des Steuerverteilungssystems insgesamt sowie die die Revisionsklausel unterstützende Funktion der Ergänzungsabgabe. Die Erhebung einer Ergänzungsabgabe unterliegt insofern einer verfassungsimmanenten

272 *IFSt*, Ergänzungsabgabe, S. 26.
273 BVerfG, Beschluss v. 09.02.1972, 1 BvL 16/69, BVerfGE 32, S. 333, 342.
274 Siehe zum Zweckerfordernis und den Anforderungen an einen Zweck 3. Kapitel, I.

Höchsterhebungsdauer. Bei der Herleitung einer Höchsterhebungsdauer ist dem Gestaltungsspielraum des Steuergesetzgebers Rechnung zu tragen, weshalb eine Begrenzung auf ein Jahr in Anlehnung an die Haushaltsgesetze bzw. auf zwei Jahre wegen des Bezugs zur Revisionsklausel abzulehnen ist. Da der zusätzliche Finanzbedarf jedoch einschätzbar sein muss, ist in Anlehnung an die mehrjährige Finanzplanung des Bundes i.S.d. § 9 StabG von einer zulässigen Höchsterhebungsdauer von fünf Jahren auszugehen. Darüber hinaus ist ein finanzieller Mehrbedarf nicht ausreichend prognostizierbar.

I. Erhebungszweck

Die Erhebung des Solidaritätszuschlags ist in der öffentlichen Wahrnehmung eng verknüpft mit dem sog. „Aufbau Ost", der auch den politischen Anlass zu seiner Erhebung bildete. Insofern entsteht in der Öffentlichkeit der Eindruck, die Erhebung einer Ergänzungsabgabe sei an einen bestimmten Finanzierungszweck gebunden. Allerdings werden Steuern juristisch grundsätzlich ohne einen konkreten Anlass erhoben, sondern zur allgemeinen Deckung des Haushalts. Es wird insofern darzustellen sein, dass die Erhebung einer Ergänzungsabgabe auch juristisch einen konkreten Finanzierungszweck erfordert. Daraufhin wird untersucht, welche Anforderungen an einen solchen Zweck zu stellen sind und wie dieser Zweck sich im Gesetz selbst oder im Gesetzgebungsverfahren niederschlagen muss. Hierbei wird den besonderen Anforderungen an eine Ergänzungsabgabe ebenso wie dem grundsätzlich weitreichenden Gestaltungsspielraum des Steuergesetzgebers Rechnung getragen.

1. Erfordernis eines Zwecks

Wie dargelegt erfordert die Erhebung einer Ergänzungsabgabe keine Zweckbindung des Aufkommens i.S. einer Zwecksteuer[275]. Es stellt sich jedoch die Frage, ob eine Ergänzungsabgabe, wie die „regulären" Steuern auch, schlicht zum Zweck der Einnahmeerzielung zur Deckung des allgemeinen Haushalts erhoben werden kann, oder ob zur Rechtfertigung der Ergänzungsabgabe ein darüber hinausgehender, konkreter Finanzbedarf vorhanden sein muss. In der Literatur gibt es eine klare Tendenz dahingehend, dass zum allgemeinen Finanzierungszweck

275 Siehe 3. Kapitel, C.

ein solcher konkreter Mehrbedarf vorhanden sein muss[276]. Auch in der Rechtsprechung ist eine solche Tendenz erkennbar[277].

Zunächst spricht die ausdrückliche Einordnung der Ergänzungsabgabe als Steuer gegen ein solches besonderes Rechtfertigungsbedürfnis. Gleichwohl ergibt sich aus den Verhandlungen zum Finanzverfassungsgesetz und zum Ergänzungsabgabegesetz, dass eine Ergänzungsabgabe jedenfalls dann nicht erhoben werden darf, wenn kein finanzieller Mehrbedarf bzw. keine Deckungslücke vorliegen[278]. Die Erhebung einer Ergänzungsabgabe ist nach dem klaren Willen des Verfassunggebers nicht zur Deckung des regulären Haushalts gedacht, sondern nur dann zulässig, wenn der Haushalt nicht durch die regulären Steuern gedeckt ist. Die Gesetzesbegründungen setzen insofern einen tatsächlich vorliegenden Mehrbedarf voraus.

Dies ergibt sich neben den Vorstellungen des Verfassunggebers, auch aus der Systematik der Finanzverfassung. Die Ergänzungsabgabe hat Ausnahmecharakter. Die reguläre Einkommensbesteuerung erfolgt über die Einkommen- und Körperschaftsteuer. Die hohe fiskalische Bedeutung dieser Steuern für Bund und Länder erfordert, dass ein Verschieben des Aufkommens der Einkommensbesteuerung zugunsten des Bundes durch Erhebung einer Ergänzungsabgabe nur bei einem tatsächlich vorliegenden Mehrbedarf möglich sein darf. Wäre es dem

276 *Wiss. Beirat EY*, S. 1312: „konkrete[r] Aufgaben- und Ausgabenbezug"; *Selmer/Hummel,* S. 375: „nicht *allein* aus dem Zweck der Einnahmeerzielung"; *Hidien/Tehler,* Vorlagebeschluss, S. 461: „Zweckkausalität der Ergänzungsabgabe, die einen aufgabenbezogenen Mehrbedarf (nur) des Bundes [...] finanzieren soll"; *Strickrodt,* in: Handwörterbuch des Steuerrechts, S. 427: „Begründung aus einer Finanzbedarfslage"; *Hidien,* in: Bonner Kommentar, Art. 106 Rn. 1429: „[konkrete] Bedarfsdeckungslücke"; *Heintzen,* in: v. Münch/Kunig, Art. 106 Rn. 21; *Brockmeyer,* in: Schmidt-Bleibtreu/Hofmann/Hopfauf, Art. 106 Rn. 7f; *Klein,* S. 1746; *Kube,* Fortgesetzte Erhebung, S. 10f.; *Bartone,* Ergänzungsabgabe, S. 744; a.A. wohl *Rohde/Geschwandtner,* S. 3334, die in Bezug zum Solidaritätszuschlag die allgemeine Finanzierungsfunktion wohl als zulässig erachten, die dortigen Ausführungen beziehen sich allerdings vor allem auf die Abgrenzung zur Zwecksteuer, also einer Zweckbindung des Aufkommens.

277 BVerfG, Beschluss v. 09.02.1972, 1 BvL 16/69, BVerfGE 32, S. 333, 342f., das auf mögliche Reformprojekte verweist und es dahingestellt lässt, ob eine Aufhebung der Ergänzungsabgabe notwendig ist, wenn die Mittel des Bundes offensichtlich ausreichen; BFH, Urteil v. 21.07.2011, II R 52/10, BStBl. II 2012, S. 43, 46: „vorübergehende[r] aufgabenbezogene[r] Mehrbedarf des Bundes"; Nds. FG, Beschluss v. 21.08.2013, 7 K 143/08, DStRE 2014, S. 534, 543: „konkrete Bundesaufgabe".

278 BT-Drs. 02/480, S. 72, 228; BT-Drs. 02/484, S. 4, 5; i. E. siehe auch *Kube,* Fortgesetzte Erhebung, S. 9.

Bundesgesetzgeber möglich, ohne finanziellen Mehrbedarf eine Ergänzungsabgabe zu erheben, dann wären die Länder stets dem Risiko eines Kostgängerwesens ausgesetzt, ohne dass hierfür ein sachlicher Grund besteht.

Die Ergänzungsabgabe erfordert insofern einen über die allgemeine Haushaltsdeckung hinausgehenden konkreten Finanzbedarf, mithin einen beleg- und benennbaren Erhebungszweck. Diesem Erfordernis eines Zwecks steht die Einordnung als Steuer und dem damit einhergehenden selbständigen Charakter der Ergänzungsabgabe nicht entgegen[279].

2. Alljährliche Überprüfung

Schemmel fordert eine alljährliche Überprüfung dahingehend, ob die Erhebung der Abgabe weiterhin gerechtfertigt ist, der Zweck also weiterhin vorliegt[280]. Diese Auffassung hat zwar auch einen Bezug zur zeitlichen Begrenzung, in erster Linie geht es jedoch um eine Überprüfung des Erhebungszwecks. Begründet wird diese Ansicht mit dem vom Bundesverfassungsgericht auferlegten Prüfungsgebot bei Sonderabgaben[281]. Dieser Auffassung ist bereits deshalb nicht zuzustimmen, weil die Ergänzungsabgabe nach dem klaren Willen des Verfassunggebers eben keine nichtsteuerliche Abgabe ist, sondern eine Steuer. Insofern ist auch nicht die Rechtsprechung zu Sonderabgaben heranzuziehen, zumal das besondere Prüfungserfordernis damit begründet wird, dass dargelegt werden muss, ob die Sachverantwortung der belasteten Gruppe weiterhin besteht[282]. Diese spezielle Sachverantwortung einer bestimmten Gruppe liegt bei der Steuer jedoch gerade nicht vor. Die Ausgestaltung als Steuer erfolgte auch vor dem Hintergrund der selbständigen Handhabbarkeit durch den Bund, die durch ein solches Überprüfungserfordernis in nicht sachgerechter Weise eingeschränkt würde, zumal bereits eine verfassungsimmanente Höchsterhebungsdauer hergeleitet wurde. Es ist daher von Verfassungs wegen nicht geboten, die Erhebung einer Ergänzungsabgabe alljährlich auf das weitere Vorliegen ihres Erhebungszwecks zu überprüfen[283].

---

279 Siehe i.E. auch Nds. FG, Beschluss v. 21.08.2013, 7 K 143/08, DStRE 2014, S. 534, 544.

280 *Schemmel*, S. 8; eine alljährliche Überprüfung, allerdings ohne ausdrücklichen Bezug zu Sonderabgaben, fordernd auch *Schulemann*, S. 10.

281 BVerfG, Beschluss v. 31.05.1990, 2 BvL 12/88, 2 BvL 13/88, 2 BvR 1436/87, BVerfGE 82, S. 159, 181.

282 BVerfG, Beschluss v. 31.05.1990, 2 BvL 12/88, 2 BvL 13/88, 2 BvR 1436/87, BVerfGE 82, S. 159, 181.

283 I.E. auch *Hilgers/Holly*, S. 1420.

3. Anforderungen an einen Zweck

Es wurde gezeigt, dass die Erhebung einer Ergänzungsabgabe eines Erhebungszwecks bedarf. Fraglich ist indes, welche Anforderungen an einen solchen Erhebungszweck zu stellen sind. Dabei ist zu beachten, dass die Anforderungen nicht zu hoch gesetzt werden, da dem Gesetzgeber aufgrund des Steuerstaatsprinzips bei der Gestaltung von Steuern ein weiter Spielraum einzuräumen ist[284]. Auf der anderen Seite ist auch dem Ausnahmecharakter der Ergänzungsabgabe Rechnung zu tragen.

I. Mehrbedarf des Bundes

Aus den Protokollen zum Gesetzgebungsverfahren ergibt sich klar, dass die Erhebung einer Ergänzungsabgabe einen finanziellen Mehrbedarf des Bundes erfordert[285]. Die vorhergehende systematische Betrachtung führt ebenfalls zu diesem Ergebnis. Weiterhin ergibt die alleinige Ertragshoheit des Bundes bzgl. der Ergänzungsabgabe nur dann Sinn, wenn bei diesem ein finanzieller Mehrbedarf besteht, der durch die Ergänzungsabgabe gedeckt werden soll.

Durch dieses Erfordernis scheidet es also aus, dass der Bund zur Deckung eines nur bei den Ländern bestehenden Bedarfs eine Ergänzungsabgabe erhebt und das Aufkommen dann den Ländern zukommen lässt[286]. Fraglich ist allerdings, ob ein Mehrbedarf ausschließlich beim Bund bestehen muss oder ob zusätzlich auch ein Finanzbedarf bei den Ländern bestehen darf. Der Bundesfinanzhof geht davon aus, dass ein bei den Ländern vorliegender zusätzlicher Finanzbedarf der Erhebung einer Ergänzungsabgabe nicht entgegensteht[287]. In der Tat ist dem Bundesfinanzhof insofern zuzustimmen, als dass dem Beschluss des Bundesverfassungsgerichts zur Ergänzungsabgabe[288] das Erfordernis eines ausschließlich beim Bund bestehenden Finanzbedarfs nicht zu entnehmen ist. Gleichwohl spricht bereits die alleinige Ertragshoheit des Bundes eher für ein solches Erfordernis. Verstärkt wird dieser Eindruck dadurch, dass die Ergänzungsabgabe eine unnötige Erhöhung der Einkommen- und Körperschaftsteuer verhindern sollte, da durch eine solche Maßnahme auch zusätzliche Einnahmen

---

284 Siehe i.E. auch BFH, Urteil v. 21.07.2011, II R 52/10, BStBl. II 2012, S. 43, 46; *Hidien,* in: Bonner Kommentar, Art. 106 Rn. 1431, *Kube,* Fortgesetzte Erhebung, S. 11.

285 BT-Drs. 02/480, S. 72: „Bedarfsspitzen im Bundeshaushalt", S. 229; BT-Drs. 02/484, S. 5: „Deckungslücke des Bundeshaushalts".

286 *Klein,* S. 1746.

287 BFH, Urteil v. 21.07.2011, II R 52/10, BStBl. II 2012, S. 43, 46.

288 BVerfG, Beschluss v. 09.02.1972, 1 BvL 16/69, BVerfGE 32, S. 333.

bei den Ländern entstehen, auch wenn diese keine zusätzlichen finanziellen Mittel benötigen[289]. Hinzukommt, dass die Finanzreform 1955 aufgrund der Unausgeglichenheit der bundesstaatlichen Finanzverteilung im Grundgesetz von 1949 finanzielle Abhängigkeiten der (teil-)souveränen Gebietskörperschaften vermeiden sollte. Besteht jedoch bei den Ländern ebenfalls ein zusätzlicher Finanzbedarf, so birgt die Erhebung der Ergänzungsabgabe die Gefahr eines Kostgängerwesens zulasten der Länder. Während der Bund seinen Bedarf autonom durch die Ergänzungsabgabe decken kann, würde der Bedarf der Länder weiterhin, und das trotz Steuererhöhung, bestehen.

Allerdings sollte die Ergänzungsabgabe eine Anpassung der Steuerpolitik an die konjunkturelle Lage möglich machen[290]. Damit sollte sie nicht nur der Deckung eines Mehrbedarfs, sondern auch der Gegenfinanzierung von Steuerausfällen und sinkenden Haushaltseinnahmen in Zeiten konjunktureller Rezession dienen[291]. Solche konjunkturell bedingten Einnahmenrückgänge wirken sich jedoch nicht nur beim Bund, sondern auch bei den Ländern aus. Insofern erscheint es nicht möglich, die Erhebung einer Ergänzungsabgabe auszuschließen, wenn ein finanzieller Mehrbedarf bzw. ein Einnahmenrückgang auch bei den Ländern entstehen[292]. Gemäß dem Ausnahmecharakter der Ergänzungsabgabe und der von der Finanzreform 1955 intendierten Verhinderung finanzieller Abhängigkeiten ist jedoch zu fordern, dass ein entstehender Mehrbedarf oder vorliegende Einnahmenausfälle den Bund im Vergleich zu den Ländern in besonderem Maße treffen[293]. Diese überproportionale Belastung muss der Bundesgesetzgeber zur Rechtfertigung einer Ergänzungsabgabe dann auch darlegen.

II. Derzeitiger Mehrbedarf

Das Aufkommen der im Entwurf des Steueränderungsgesetzes 1973 geplanten Ergänzungsabgabe sollte aus konjunkturpolitischen Zwecken zunächst stillgelegt und zu einem späteren Zeitpunkt zur Finanzierung von Bundesaufgaben freigegeben werden[294]. Die Zulässigkeit einer solchen Stilllegung ist im Gesetzgebungsverfahren angezweifelt worden, da kein außerordentlicher Finanzbedarf

289 BT-Drs. 02/480, S. 229.
290 BT-Drs. 02/480, S. 72; BT-Drs. 02/484, S. 4.
291 Gutachten der Steuerreformkommission 1971, S. 225, Rn. 692.
292 I.E. auch *Kube*, Fortgesetzte Erhebung, S. 11.
293 Die Einführung einer Ergänzungsabgabe bei gleichmäßiger zusätzlicher Belastung von Bund und Ländern ebenfalls ablehnend *Klein*, S. 1746.
294 BT-Drs. 07/419, S. 25.

bestanden habe[295]. Es stellt sich insofern die Frage, ob die Erhebung einer Ergänzungsabgabe einen derzeit vorliegenden Mehrbedarf erfordert oder ob sie auch in Antizipation eines künftigen Mehrbedarfs erhoben werden kann.

Die Ergänzungsabgabe erfordert einen finanziellen Mehrbedarf des Bundes. Dieses Erfordernis würde unterlaufen, wenn der Gesetzgeber für einen womöglich undefinierten, zukünftigen Finanzbedarf eine Ergänzungsabgabe erheben könnte. Hierfür spricht auch die inhaltliche Verbindung, die die früheren Inanspruchnahmegesetze mit der Ergänzungsabgabe haben. Die Inanspruchnahmegesetze sollten jeweils akute finanzielle Engpässe des Bundes kompensieren, nicht jedoch einen zukünftigen und noch nicht bestehenden Bedarf decken. Die Ergänzungsabgabe als „Nachfolgeinstrument" soll zwar vom Bund eigenständiger gehandhabt werden können, eine Änderung des Zwecks der sofortigen und nicht zukünftigen Ausgabendeckung ist den Gesetzgebungsmaterialien jedoch nicht zu entnehmen.

Hinzukommt, dass die Entscheidung über die Erhebung einer Ergänzungsabgabe in den Kontext der Verabschiedung des Haushaltsgesetzes gestellt wurde[296]. Wenngleich sich hieraus keine Einschränkungen bzgl. der Gesetzgebungskompetenz[297] oder der Erhebungsdauer[298] ergeben, verstärkt diese Verknüpfung doch die Einordnung der Ergänzungsabgabe als Instrument zur sofortigen Ausgabendeckung. Die geforderte Beratung über die Einführung einer Ergänzungsabgabe im zeitlichen und sachlichen Zusammenhang mit dem Haushaltsgesetz legt insofern das Erfordernis eines derzeitigen Mehrbedarfs nahe, als bei der Behandlung des Haushaltsgesetzes finanzielle Ausfälle und Bedarfslücken erkannt werden, die dann durch die Ergänzungsabgabe geschlossen werden können.

Die Erhebung einer Ergänzungsabgabe erfordert demnach einen zum Zeitpunkt der Einführung vorliegenden zusätzlichen Finanzbedarf des Bundes. Die Erhebung in Antizipation eines zukünftigen Mehrbedarfs ist, unabhängig von der Wahrscheinlichkeit seines Eintritts, verfassungsrechtlich nicht zulässig.

III. Nichtfiskalischer Zweck

Des Weiteren ist zu prüfen, ob die Erhebung einer Ergänzungsabgabe zur Erreichung nichtfiskalischer Zwecke zulässig ist. Die einfachgesetzliche Definition

---

295 Plenarprotokoll der 35. Sitzung des Bundestages, 23.05.1973, S. 1970 (C).

296 *Fischer-Menshausen*, S. 164; Plenarprotokoll der 121. Sitzung des Bundesrates, 09.04.1954, S. 85 (D).

297 Siehe 3. Kapitel, B.

298 Siehe 3. Kapitel, H., 3., II., a).

der Steuer sieht vor, dass der fiskalische Zweck Nebenzweck sein kann (§ 3 Abs. 1 2. Hs. AO). Da die Ergänzungsabgabe als Steuer erhoben werden muss, liegt es zunächst nahe, die Erhebung einer solchen Abgabe aus primär nichtfiskalischen Zwecken, etwa zur Wirtschaftslenkung aus Stabilitätsgründen, als verfassungsrechtlich zulässig zu erachten[299].

Allerdings ist die Ergänzungsabgabe für Fälle finanzieller Deckungslücken des Bundes bestimmt. Die eindeutige Bezugnahme auf fiskalische Engpässe spricht gegen die primäre Verfolgung wirtschaftspolitischer Ziele durch die Ergänzungsabgabe[300]. Zwar hat sich der Gesetzgeber die Berücksichtigung sozialpolitischer Erwägungen ausdrücklich vorbehalten[301], dies bezieht sich jedoch erkennbar auf steuerliche Erleichterungen bei der Erhebung, etwa in Form von Freigrenzen. Die Erhebung einer Ergänzungsabgabe aus (sozialpolitischen) Lenkungsgründen ist von der gesetzgeberischen Intention gerade nicht erfasst[302].

In diesem Zusammenhang muss zudem der historische Kontext betrachtet werden. Mit der Ergänzungsabgabe sollte dem Bund eine im Vergleich zu den vorherigen Inanspruchnahmegesetzen selbständigere Möglichkeit zur Finanzierung gegeben werden. Diese Inanspruchnahmegesetze bewirkten eine Ertragshoheit des Bundes bei der Einkommen- und Körperschaftsteuer[303] und waren insofern ausschließlich fiskalischer Art. Sinn und Zweck war allein, den Finanzbedarf des unterausgestatteten Bundes zu decken. Eine lenkende Funktion hatten sie bereits deshalb nicht, weil sie keine Änderungen der erhobenen Steuern bewirkten, sondern lediglich die Ertragshoheiten änderten.

---

299 *Korioth,* S. 352; *Hinnedahl,* S. 131; spezifisch zu beschäftigungspolitischen Maßnahmen siehe *Reissert,* S. 104.

300 *Hidien,* in: Bonner Kommentar, Art. 106 Rn. 1429; *Brockmeyer,* in: Schmidt-Bleibtreu/Hofmann/Hopfauf, Art. 106 Rn. 7f; *Heintzen,* in: v. Münch/Kunig, Art. 106 Rn. 21. Gegen die geplante Ergänzungsabgabe i.S.d. Steueränderungsgesetzes 1973 wurden zwar verfassungsrechtliche Bedenken geltend gemacht, die Erhebung zu Stabilitätszwecken wurde jedoch verfassungsrechtlich nicht beanstandet, siehe Plenarprotokoll der 391. Sitzung des Bundesrates, 23.03.1973, S. 70 (D) – 91 (D); Plenarprotokoll der 35. Sitzung des Bundestages, 23.05.1973, S. 1939 (A) – 1992 (B). Aufgrund dessen, dass die Stabilitätsabgabe im Ergebnis als Zuschlag erhoben wurde, hat die Frage der Zulässigkeit konjunktureller Lenkung durch die Ergänzungsabgabe in der Rechtsprechung keine Rolle gespielt.

301 BT-Drs. 02/480, S. 229.

302 Siehe auch *Strickrodt,* Handwörterbuch des Steuerrechts, S. 428. A.A. wohl *Kube,* Fortgesetzte Erhebung, S. 21.

303 *Korioth,* S. 340, dort Fn. 274.

Die Ausgestaltung der Ergänzungsabgabe als Steuer erweitert zwar den gesetzgeberischen Spielraum im Vergleich zu der Inanspruchnahme. Eine Umkehrung dahingehend, dass sie vornehmlich zu lenkungspolitischen Zielen eingesetzt werden darf und der fiskalische Zweck in den Hintergrund tritt, war damit jedoch nicht intendiert. Der Erhebungszweck muss demnach primär fiskalischer Art sein[304].

IV. Vermeidbarkeit des Mehrbedarfs

Die inhaltliche Verbindung zur Inanspruchnahme legt auch nahe, dass der Mehrbedarf des Bundes „unvermeidbar" sein muss, insofern also nicht für politische Reformprojekte, sondern nur für unvorhergesehene und ungeplante finanzielle Engpässe gedacht war. Bei der Inanspruchnahme war Sinn und Zweck die Deckung des Finanzbedarfs des Bundes. Hätte der Bund diesen jedoch aus politischen Motiven selbst erst herbeigeführt, wäre es politisch schwierig geworden, eine Inanspruchnahme gegenüber den Ländern durchzusetzen.

Allerdings war die Finanzreform 1955 nicht nur von Unsicherheiten auf der Einnahmenseite geprägt, sondern auch auf der Ausgabenseite. Die zukünftigen finanziellen Verpflichtungen und Aufgaben von Bund und Ländern waren ebenso unklar wie ihre Einnahmen[305]. Es würde der weiten Einschätzungsprärogative des Steuergesetzgebers widersprechen, wenn der Bund nicht auch geplante Ausgaben, etwa aufgrund von Reformvorhaben, mit dem steuerlichen Instrument der Ergänzungsabgabe finanzieren könnte. Zwar formuliert die Gesetzesbegründung, die Ergänzungsabgabe sei zur Befriedigung „anderweitig nicht auszugleichender Bedarfsspitzen im Haushalt"[306], „für den Fall einer unumgänglichen und nicht anderweitig zu deckenden Steigerung seines Finanzbedarfs"[307] und nur in „besonderen Notfällen"[308] zu erheben. Es ist jedoch grundsätzlich eine politische Aufgabe des Gesetzgebers zu entscheiden, ob eine unumgängliche Steigerung des Finanzbedarfs vorliegt. „Unumgänglich" ist nicht (nur) dahingehend zu verstehen, dass etwa eine rechtliche Verpflichtung besteht. Auch rein politische Vorhaben, die unter keinem juristischen „Zwang" vorgenommen

304 A.A. *Hidien/Tehler*, Vorlagebeschluss, S. 459, die zwar grundsätzlich ebenfalls von einer primär fiskalischen Zielsetzung der Ergänzungsabgabe ausgehen, aber auch die Erhebung aus Lenkungszwecken für zulässig erachten.

305 BT-Drs. 02/480, S. 38.

306 BT-Drs. 02/480, S. 72.

307 BT-Drs. 02/480, S. 72.

308 BT-Drs. 02/480, S. 72.

werden, können im Sinne des Steuergesetzgebers unumgänglich sein und einen anderweitig nicht zu deckenden zusätzlichen Finanzbedarf begründen. So ging auch der damalige Bundesfinanzminister *Schäffer* davon aus, dass die Ergänzungsabgabe eine Unvermeidbarkeit des Bedarfs nicht erfordert[309]. Es ist mithin dem Gesetzgeber zu überlassen, welche politischen Aufgaben finanziert werden müssen. Insofern darf er auch im Rahmen der herausgearbeiteten verfassungsrechtlichen Voraussetzungen geplante Bedarfssteigerungen durch die Ergänzungsabgabe finanzieren[310].

V. Unmittelbare und mittelbare Kosten

Fraglich ist zudem, ob der Zweck nur die unmittelbar diesem zuzurechnenden Kosten umfasst oder auch mittelbare (Folge-)Kosten. Dies spielt vor allem für die Beurteilung der zwischenzeitlichen Zweckerreichung[311] eine Rolle, da unmittelbar zurechenbare Kosten zu Beginn der Erhebung immer vorliegen dürften. Über die Erhebungsdauer können diese jedoch abnehmen oder ganz entfallen. Dann können aber weiterhin mittelbare Kosten vorliegen, die dem Zweck nicht direkt zurechenbar, aber dennoch in seiner Folge entstanden sind. Zu denken wäre hier etwa an eine gestiegene Staatsverschuldung.

Die bisherigen Erkenntnisse zu den Anforderungen an einen Zweck legen keine Beschränkung auf nur unmittelbar zurechenbare Kosten nahe. Ausschlaggebend ist vor allem, dass überhaupt ein finanzieller Mehrbedarf vorhanden ist. Dabei kommt es aber nicht darauf an, ob dieser Mehrbedarf vermeidbar war oder wie er entstanden ist. Insofern können Kosten, die etwa aufgrund zusätzlicher Kreditaufnahme entstanden sind, nicht von einer Rechtfertigung eines Mehrbedarfs ausgeschlossen werden, zumal die fiskalischen Ausgabeentscheidungen ohnehin nur bedingt justitiabel sind[312] und der Steuergesetzgeber auch auf der Einnahmenseite einen weiten Gestaltungsspielraum hat[313].

---

309 Im Bundesrat äußerte sich *Schäffer* dahingehend, dass ein zusätzlicher Finanzbedarf des Bundes „vielleicht unerwartet" auftreten kann. Dies legt nahe, dass er davon ausging, dass ein Bedarf sowohl geplant als auch ungeplant auftreten kann, siehe Plenarprotokoll der 150. Sitzung des Bundesrates, 02.12.1955, S. 353 (A).

310 *Schemmel*, S. 19f; BVerfG, Beschluss v. 09.02.1972, 1 BvL 16/69, BVerfGE 32, S. 333, 342; hierauf Bezug nehmend *Wiss. Beirat EY*, S. 1313; wohl a.A. *Strickrodt*, in: Handwörterbuch des Steuerrechts, S. 427, der eine „außergewöhnliche" Finanzbedarfslage fordert.

311 Siehe 3. Kapitel, J., 2.

312 BVerfG, Beschluss v. 26.08.1992, 2 BvR 478/92, NJW 1993, S. 455, 455.

313 I.E. auch *Hilgers/Holly*, S. 1420.

In die Prüfung, ob ein Mehrbedarf vorliegt, sind demnach sowohl unmittelbar zurechenbare Kosten als auch mittelbare Kosten mit einzubeziehen.

VI. Ergebnis

Der Gesetzgeber benötigt demnach zur Erhebung einer Ergänzungsabgabe einen über den allgemeinen Finanzbedarf hinausgehenden, bestimmbaren Zweck. An diesen Zweck sind zwar grundsätzlich aufgrund der weiten Einschätzungsprärogative des Steuergesetzgebers keine allzu hohen Anforderungen zu stellen, gleichwohl unterliegt die Ergänzungsabgabe aufgrund ihres historischen und systematischen Kontexts dahingehend Einschränkungen.

Zunächst muss zur Erhebung ein finanzieller Mehrbedarf beim Bund bestehen. Das Vorliegen eines solchen Bedarfs nur bei den Ländern kann die Erhebung der ausschließlich dem Bund zustehenden Ergänzungsabgabe nicht rechtfertigen. Ein zusätzlich zum Bedarf des Bundes bestehender Bedarf der Länder ist jedoch unschädlich, wenn der Bund von einem Einnahmenausfall oder einer Ausgabensteigerung überproportional betroffen ist. Voraussetzung ist weiterhin, dass der Mehrbedarf zum Zeitpunkt der geplanten Erhebung vorliegt. Eine Erhebung zur Deckung möglicher zukünftiger Ausgabensteigerungen oder Einnahmenausfällen ist, unabhängig von der Wahrscheinlichkeit ihres Eintritts, nicht zulässig.

Die Ergänzungsabgabe darf auch nicht primär politische Lenkungszwecke verfolgen. Aus dem historischen Zusammenhang der Ergänzungsabgabe mit den Inanspruchnahmegesetzen und den gesetzgeberischen Erwägungen ergibt sich die primär fiskalische Zielsetzung der Ergänzungsabgabe. Dabei spielt es grundsätzlich keine Rolle, ob der Mehrbedarf ungeplant oder geplant, etwa aufgrund von ausgabensteigernden Reformen, entsteht. Die primär fiskalische Zielsetzung umfasst insofern auch geplante Ausgabensteigerungen.

Zur Beurteilung der Verfassungsmäßigkeit eines Zwecks ist demnach vor allem auf einen tatsächlich bestehenden Mehrbedarf des Bundes abzustellen. Woraus dieser Mehrbedarf resultiert, ist aufgrund der primär fiskalischen Zielsetzung der Ergänzungsabgabe für die verfassungsrechtliche Zulässigkeit grundsätzlich irrelevant. Dies gilt ebenso für die Frage, ob es sich beim Mehrbedarf um unmittelbare oder mittelbare Kosten handelt. Dem Gesetzgeber steht es insofern frei, auch einen auf Gesetzesreformen basierenden und insofern geplanten Mehrbedarf innerhalb der bereits herausgearbeiteten Zulässigkeitsvoraussetzungen im Wege der Ergänzungsabgabe zu decken.

4. Festlegung des Zwecks

Die Erhebung einer Ergänzungsabgabe bedarf also eines „konkreten Aufgaben- und Ausgabenbezugs“[314], mithin eines konkreten finanziellen Mehrbedarfs des Bundes, der zur Rechtfertigung der Abgabe angeführt werden muss und die vorgenannten Voraussetzungen erfüllt. Damit dieses Erfordernis nicht ins Leere läuft und ggf. gerichtlich überprüfbar ist, muss sich der Erhebungszweck im Gesetzgebungsverfahren manifestieren[315]. Insofern muss geklärt werden, in welcher Form dies geschehen muss. In Betracht kommen die Nennung des Zwecks im Gesetz selbst oder die Nennung dieses Zwecks in der Gesetzesbegründung.

I. Festlegung im Gesetzestext

Die Festlegung eines Erhebungsgrunds im Gesetzestext in Form einer speziellen Finanzierungsaufgabe und seine tatbestandliche Verknüpfung mit einer besonderen Finanzierungsverantwortung der Abgabepflichtigen ist Voraussetzung für die Erhebung einer nichtsteuerlichen Abgabe[316]. In Anlehnung an dieses Erfordernis wäre zu überlegen, ob auch die Ergänzungsabgabe aufgrund ihres Zweckerfordernisses einer Festlegung im Gesetzestext bedarf.

Die Kriterien zur Zulässigkeit von nichtsteuerlichen Abgaben wurden zur Abgrenzung von Steuern und nichtsteuerlichen Abgaben entwickelt und dienen insofern der Begrenzungs- und Schutzfunktion der Finanzverfassung und dem Schutz der Grundentscheidung zum Steuerstaatsprinzip[317]. Nichtsteuerliche Abgaben müssen stets zur Deckung von Kosten eines speziellen Sachzwecks erhoben werden. Dieser Sachzweck muss tatbestandlich mit der Abgabepflicht verknüpft sein[318]. Bei einer Steuer darf demnach eine solche tatbestandliche Verknüpfung nicht vorliegen, da es sich ansonsten um eine nichtsteuerliche Abgabe

---

314 *Wiss. Beirat EY*, S. 1313.

315 Auch *Kube*, Fortgesetzte Erhebung, S. 22 bejaht das Erfordernis einer legislativen Benennung des konkreten Finanzbedarfs, äußert sich jedoch nicht dazu, in welcher Form dies geschehen muss.

316 BVerfG, Beschluss v. 31.05.1990, 2 BvL 12, 13/88, 2 BvR 1436/87, BVerfGE 82, S. 159, 179.

317 BVerfG, Urteil v. 06.11.1984, 2 BvL 19, 20/83, 2 BvR 363, 491/83, BVerfGE 67, S. 256, 275.

318 Ob bspw. der Rundfunkbeitrag diesen Anforderungen genügt, ist umstritten. Das Bundesverwaltungsgericht nimmt an, es handle sich bei der an die Wohnung anknüpfenden Abgabe um eine nichtsteuerliche Abgabe, siehe Urteil v. 18.03.2016, 6 C 6/15, BVerwGE 154, S. 275. *Koblenzer/Günther*, S. 2ff. gehen von einer Steuer aus.

handeln würde[319]. Dies hindert den Gesetzgeber aber grundsätzlich nicht an der Festlegung eines Erhebungszwecks im Gesetz selbst. Dieser darf dann nur nicht tatbestandlich an die Abgabepflicht geknüpft werden. Die Steuer muss demnach weiterhin von der Allgemeinheit erhoben werden. Erscheint es also zulässig, im jeweiligen Steuergesetz eine Festlegung des Erhebungsgrunds vorzunehmen, wäre es jedoch nicht sachgerecht, dies als Erfordernis zur Zulässigkeit der Ergänzungsabgabe zu sehen. Die Erhebung von Steuern bedarf grundsätzlich aufgrund des Steuerstaatsprinzips keiner weiteren sachlichen Rechtfertigung. Dem Ausnahmecharakter der Ergänzungsabgabe trägt bereits das Erfordernis der Benennung des Zwecks Rechnung, das insofern auch zur gerichtlichen Überprüfung dient. Eine Festlegung im Gesetzestext ist demnach möglich, aber keine verfassungsrechtliche Voraussetzung für die Erhebung einer Ergänzungsabgabe[320].

II. Nennung in der Gesetzesbegründung

In Betracht kommt insofern eine mögliche Pflicht zur Nennung des Erhebungszwecks in der Gesetzesbegründung. Diese Möglichkeit wird in der Literatur nicht explizit diskutiert[321]. Nimmt man jedoch ein sachliches Rechtfertigungserfordernis mit konkretem Aufgaben- und Ausgabenbezug[322], aber kein Festlegungserfordernis im Gesetzestext[323] an, so bleibt zur gerichtlichen Überprüfbarkeit der Verfassungsmäßigkeit nur die Nennung in der Gesetzesbegründung[324]. Andernfalls würde das Erfordernis des Vorliegenmüssens eines Zwecks ins Leere laufen.

---

319 BVerfG, Urteil v. 06.11.1984, 2 BvL 19, 20/83, 2 BvR 363, 491/83, BVerfGE 67, S. 256, 276.

320 *Selmer/Hummel,* S. 380 vertreten ebenfalls die Auffassung, der Erhebungszweck müsse nicht im Gesetz festgelegt werden.

321 *Selmer/Hummel,* S. 381, plädieren für einen Neuerlass des Gesetzes bei Umwidmung der Ergänzungsabgabe. Hieraus könnte geschlossen werden, dass ein Erfordernis der Nennung des Erhebungsgrunds in der Gesetzesbegründung impliziert sein soll. In die gleiche Richtung gehen *Hidien/Tehler,* Vorlagebeschluss, S. 461. Explizit wird ein solches Erfordernis zur Nennung des Zwecks in einer Gesetzesbegründung jedoch nicht angesprochen.

322 *Selmer/Hummel,* S. 381; *Wiss. Beirat EY,* S. 1312.

323 *Selmer/Hummel,* S. 380.

324 Offen gelassen bei *Selmer/Hummel,* S. 380; *Wiss. Beirat EY,* S. 1312f.

Es ist zwar grundsätzlich von Verfassungs[325] wegen nicht geboten, einen Gesetzesentwurf zu begründen[326]. Gleichwohl erkennt das Bundesverfassungsgericht an, dass in Sonderkonstellationen eine Gesetzesbegründung ausnahmsweise geboten sein kann[327]. So kann sich aus Art. 20 Abs. 3 GG eine Begründungspflicht ergeben, wenn eine Begründung notwendig ist, um die Verfassungsmäßigkeit des Gesetzesentwurfs (gerichtlich) beurteilen zu können[328].

Eine solche Sonderkonstellation liegt hier vor: Da verfassungsrechtlich das Vorliegen eines Erhebungszwecks geboten ist, muss dieser Grund zwecks Überprüfbarkeit in den Gesetzesmaterialien benannt werden. Wäre dies nicht der Fall, so würde das Erfordernis eines konkret zu benennenden Zwecks ins Leere laufen. Das Rechtsstaatsprinzip gebietet deshalb, entgegen der eigentlichen Auslegung des Art. 76 GG, dass im Fall der Ergänzungsabgabe zur Überprüfbarkeit der verfassungsrechtlichen Zulässigkeit dieser Steuer zumindest in einer Gesetzesbegründung der Erhebungsgrund explizit angeführt wird. Insofern ist eine spezielle Begründungspflicht vorliegend verfassungsrechtlich geboten. Der Ausnahmecharakter der Ergänzungsabgabe rechtfertigt, dass der Steuerpflichtige den Belastungsgrund zumindest zur Kenntnis nehmen kann. Eine Begründungspflicht in den Materialien zum Gesetzgebungsverfahren ist deshalb eine sachgerechte Lösung als Kompromiss zwischen einer Festlegung im Gesetzestext und der Nichtnennung eines Zwecks.

III. Ergebnis

Der Erhebungszweck der Ergänzungsabgabe muss zur gerichtlichen Überprüfbarkeit dieses Erfordernisses in irgendeiner Form festgelegt werden. In Betracht kommen insofern eine Festlegung im Gesetz selbst oder die Nennung in einer Gesetzesbegründung. Ein striktes Erfordernis einer normtextlichen Festlegung

---

325 Die Begründungserfordernisse der Geschäftsordnungen (§§ 76 Abs. 2; 96 Abs. 3 Satz 1 GO-BT; §§ 42 Abs. 1 Satz 1; 43 GGO) werden vorliegend nicht behandelt, da Ziel der Arbeit die Herausarbeitung verfassungsrechtlicher Vorgaben für die Erhebung einer Ergänzungsabgabe ist. Die Missachtung dieser Begründungserfordernisse führt nicht dazu, dass das erlassene Gesetz verfassungswidrig ist, siehe *Rixecker*, S. 128.

326 BVerfG, Beschluss v. 05.05.1987, 1 BvR 724/81, 1 BvR 1000/81, 1 BvR 1015/81, 1 BvL 16/82, 5/84, BVerfGE 75, S. 246, 268; Urteil v. 06.12.2016, 1 BvR 2821/11, 1 BvR 1456/12, 1 BvR 321/12. NJW 2017, S. 217 Rn. 279.

327 BVerfG, Urteil v. 06.12.2016, 1 BvR 2821/11, 1 BvR 1456/12, 1 BvR 321/12, NJW 2017, S. 217 Rn. 279.

328 *Dietlein*, in: Epping/Hillgruber, Art. 76 Rn. 2.2; *Mann*, in: Sachs, Art. 76 Rn. 7; siehe zu Fällen aus der Rechtsprechung *Hebeler*, S. 756ff.

im Gesetz ist in Abgrenzung zur Sonderabgabe nicht anzunehmen. Die Ergänzungsabgabe wird als Steuer nicht von einer bestimmten Gruppe zur Finanzierung einer besonderen Sachaufgabe erhoben, sondern zur Deckung finanzieller Bedarfslücken im allgemeinen Haushalt des Bundes. In Anlehnung an die bundesverfassungsgerichtliche Rechtsprechung ist jedoch ein verfassungsrechtliches Begründungserfordernis hergeleitet worden, das vor allem auf der Notwendigkeit der gerichtlichen Überprüfbarkeit der Verfassungsmäßigkeit der Ergänzungsabgabe fußt. Verneinte man ein solches Begründungserfordernis, so wäre der Erhebungszweck als zwingende Voraussetzung zur Erhebung gerichtlich nicht überprüfbar.

J. „Hineinwachsen“ in die Verfassungswidrigkeit

Die vorangegangenen Punkte wurden vor allem aus der Perspektive der erstmaligen Einführung einer Ergänzungsabgabe behandelt. Es stellt sich indes die Frage, wie Fälle zu beurteilen sind, in denen ein Finanzierungszweck nach Ablauf der zeitlichen Begrenzung weiterhin vorliegt oder in denen während der Erhebung Umstände auftreten, die die Annahme eines „Hineinwachsens“[329] der Ergänzungsabgabe in die Verfassungswidrigkeit nahelegen. Dies könnte aufgrund einer zwischenzeitlichen Zweckerreichung oder einer Zweckverfehlung eintreten.

1. Vorliegen des Finanzbedarfs nach Ablauf der Höchsterhebungsdauer

Die Tatsache, dass ein ursprünglich zur Begründung herangezogener Finanzierungszweck auch nach Ablauf der Höchsterhebungsdauer weiterhin vorliegt, rechtfertigt nicht die nochmalige Einführung einer Ergänzungsabgabe zur Finanzierung desselben Zwecks. Zwar wäre durch eine Neueinführung sichergestellt, dass politisch überprüft würde, ob der angegebene Erhebungszweck weiterhin besteht. Gleichwohl würde somit die Höchsterhebungsdauer unterlaufen. Der Gesetzgeber sollte nicht in die Lage versetzt werden, einen bestehenden Mehrbedarf auf Dauer über die Ergänzungsabgabe zu finanzieren. Vielmehr muss der Gesetzgeber einen über die Dauer der Erhebung einer Ergänzungsabgabe hinaus vorliegenden Mehrbedarf aufgrund des Ausnahmecharakters dieser Steuerart über die regulären Steuern decken. Dies dient zudem der Zielsetzung einer Verhinderung eines Kostgängerwesens und sichert die Beteiligung der

329 *Meßbacher-Hönsch*, S. 1011; *Wiss. Beirat EY*, S. 1312.

Länder am politischen Prozess. Liegt jedoch ein anderer finanzieller Mehrbedarf vor, so kann der Gesetzgeber durch Gesetzesänderung eine Ergänzungsabgabe fortführen oder ein neues Gesetz erlassen[330].

2. Zweckerreichung

Ein Grund für eine vor Ablauf der Höchsterhebungsdauer eintretende Verfassungswidrigkeit einer Ergänzungsabgabe kann die vorzeitige Erreichung bzw. der Wegfall des Erhebungszwecks sein[331], denn dann besteht kein Finanzbedarf mehr, der durch die Ergänzungsabgabe finanziert werden müsste. Allerdings ist insofern dem weiten Gestaltungsspielraum des Steuergesetzgebers Rechnung zu tragen. Die zeitliche Begrenzung schränkt diesen Spielraum bereits weitgehend ein, so dass ein Wegfall des Erhebungszwecks oder seine vorzeitige Erreichung evident sein müssen[332]. Es reicht nicht aus, dass der Gesetzgeber durch andere Maßnahmen, etwa Steuersenkungen, indiziert, ein Mehrbedarf läge nicht mehr vor.

Insbesondere im Fall von Änderungen der Steuergesetze sind die tatsächlichen Auswirkungen in den Blick zu nehmen. Es reicht insofern nicht aus, auf das Gesetzgebungsverfahren zu verweisen, in dem der Bundesrat statt der Ergänzungsabgabe ein Zuschlagsrecht des Bundes vorschlug und diesbezüglich die Auffassung vertrat, die gleichzeitige Erhebung eines solchen Zuschlags und die Vornahme von Steuersenkungen sei nicht vertretbar[333]. Denn zum einen handelte es sich beim Alternativvorschlag des Zuschlags um ein enger an die Einkommen- und Körperschaftsteuer gekoppeltes Instrument und keine eigenständige Steuer, und zum anderen ging die Bundesregierung in ihren Ausführungen zu den Einwänden des Bundesrates gerade nicht auf Steuersenkungen ein[334]. Eine Unvereinbarkeit von Steuersenkungen mit der Erhebung einer Ergänzungsabgabe spielte im späteren Gesetzgebungsverfahren auch keine Rolle mehr, so dass aus dieser singulären Äußerung des Bundesrates zu einem anders konzipierten Finanzierungsinstrument nicht geschlossen werden kann, dass die Senkung

330 Siehe zu Möglichkeiten der Umwidmung 4. Kapitel, B., 2., I.

331 *Hidien/Tehler*, Vorlagebeschluss, S. 461; BFH, Urteil v. 21.07.2011, II R 52/10, BStBl. II 2012, S. 43, 46. Auch *Kube*, Fortgesetzte Erhebung, S. 13 sieht ein Erfordernis der „fortdauernden inhaltlichen Rechtfertigung".

332 BFH, Urteil v. 21.07.2011, II R 52/10, BStBl. II 2012, S. 43, 46.

333 BT-Drs. 02/484, S. 1; missverständlich insofern Nds. FG, Beschluss v. 21.08.2013, 7 K 143/08, DStRE 2014, S. 534, 541, das Zuschlagsrecht und Ergänzungsabgabe nicht unterscheidet.

334 BT-Drs. 02/480, S. 228f.

der regulären Steuern automatisch zu einer Verfassungswidrigkeit einer Ergänzungsabgabe führen würde[335].

Allerdings erfordert die Ergänzungsabgabe das Vorliegen eines konkreten finanziellen Mehrbedarfs. Steuersenkungen kann grundsätzlich durchaus indizielle Wirkung dahingehend zugestanden werden, dass sie zumindest nahelegen, dass der Bedarf weggefallen ist oder der Zweck erreicht wurde[336]. Es kommt insofern für die Beurteilung, ob der Zweck erreicht ist, nicht auf die Tatsache an, dass Steuern gesenkt werden, sondern wie sich die Senkung tatsächlich auswirkt. Werden ausschließlich Ländersteuern gesenkt, dann kann daraus jedenfalls nicht geschlossen werden, dass auf Seiten des Bundes ein Mehrbedarf weggefallen ist. Ähnlich verhält es sich mit Steuern, die Bund und Ländern gemeinsam zustehen, denn der Erhebungszweck erfordert einen im Vergleich zu den Ländern höheren Mehrbedarf des Bundes, aber nicht allein des Bundes. Gleichwohl können auch Senkungen solcher Steuern zur Annahme der Zweckerreichung führen. Die indizielle Wirkung von Steuersenkungen ausschließlich zu Lasten des Bundes ist zwar stärker, vermag aber ebenfalls die automatische Annahme der Zweckerreichung nicht zu rechtfertigen. Es ist sowohl bei Steuern, die Bund und Ländern zustehen, als auch bei Bundessteuern auf die tatsächlichen Verhältnisse abzustellen. Dies beinhaltet die gesetzgeberischen Erwägungen zur Steuersenkung sowie auch die Frage, ob die Senkung des Tarifs durch eine Verbreiterung der Bemessungsgrundlage (zumindest teilweise) gegenfinanziert wird und sie im Ergebnis keine Senkung darstellt.

Ähnlich verhält es sich mit Steuererhöhungen: Grundsätzlich können Steuererhöhungen zwar indizieren, dass der finanzielle Mehrbedarf nunmehr anderweitig gedeckt werden kann[337]. Auch hier sind jedoch die tatsächlichen Verhältnisse genauer zu betrachten: Steuererhöhungen nur zugunsten der Länder schließen die Annahme der Zweckerreichung aus. Bei Steuererhöhungen allein zugunsten des Bundes oder des Bundes und der Länder ist vor allem zu prüfen, wie diese Erhöhungen begründet werden und ob sich hieraus ggf. ein Wegfall bzw. ein (anderweitiges) Erreichen des Finanzierungszwecks ableiten lässt. Steuererhöhungen an sich begründen jedenfalls noch keine Zweckerreichung. Eine Zweckerreichung mit der Folge der Verfassungswidrigkeit der fortgesetzten Erhebung der Ergänzungsabgabe kann, auch aufgrund des insbesondere durch

335 So aber Nds. FG, Beschluss v. 21.08.2013, 7 K 143/08, DStRE 2014, S. 534, 541.

336 *Hidien/Tehler,* Richtervorlage unzulässig, S. 994.

337 *Hidien/Tehler,* Richtervorlage unzulässig, S. 994.

die zeitliche Höchstgrenze eingeschränkten gesetzgeberischen Spielraums, erst dann angenommen werden, wenn sie evident ist. Dies ist im Einzelfall zu entscheiden.

3. Zweckverfehlung

In der Literatur wird vertreten, dass eine Ergänzungsabgabe im Fall der Zweckverfehlung verfassungswidrig wird. Eine solche Zweckverfehlung liegt demnach vor, wenn ein zuvor punktueller Finanzbedarf zu einer „dauerhaften Finanzierungslücke" wird[338]. Dieser Ansicht ist nicht zuzustimmen, denn sie geht davon aus, dass die Ergänzungsabgabe nur eingeführt werden kann, wenn ein Finanzbedarf absehbar nicht auf Dauer vorliegt. Dies ist indes nicht der Fall. Die Prognostizierbarkeit des finanziellen Mehrbedarfs wurde zwar zur Herleitung einer zeitlichen Obergrenze herangezogen. Damit ist jedoch nicht ausgeschlossen, dass der Finanzbedarf auch darüber hinaus fortbestehen kann. Vielmehr folgt aus dem Flexibilisierungsgedanken, dass die Ergänzungsabgabe auch als Finanzierungsbasis für neue Aufgaben erhoben werden kann, selbst wenn klar ist, dass der Bedarf auch über die zulässige Höchsterhebungsdauer hinaus bestehen wird. Dieser Finanzbedarf kann dann zwar nicht mehr über die Ergänzungsabgabe gedeckt werden, da ein Zweck auch nur einmal die Erhebung rechtfertigt. Die Deckung dieses Bedarfs hat dann über die regulären Steuern zu erfolgen. Ein dauerhaftes Vorliegen eines Finanzbedarfs, unabhängig davon, ob sich dies erst während der Erhebung oder bereits bei Einführung der Ergänzungsabgabe herausstellt, stellt jedenfalls keine Zweckverfehlung dar[339]. Die Ergänzungsabgabe kann insofern, auch aufgrund ihrer sachlichen Nähe zur Inanspruchnahme, zur Zwischenfinanzierung genutzt werden, um zu einem späteren Zeitpunkt durch Anpassung der Ertragshoheiten oder des einfachgesetzlichen Steuerrechts einen Mehrbedarf dauerhaft zu finanzieren. Eine Zweckverfehlung in der Form, dass der angegebene Zweck durch die Ergänzungsabgabe nicht erreicht werden kann, erscheint aufgrund der primär fiskalischen Zielsetzung dieses Instruments nicht möglich. Primär fiskalische Zwecke können stets durch zusätzliche finanzielle Mittel erreicht werden.

---

338 *Hidien/Tehler*, Vorlagebeschluss, S. 461; BFH, Urteil v. 21.07.2011, II R 52/10, BStBl. II 2012, S. 43, 46.

339 Siehe auch *Wiss. Beirat EY*, S. 1312.

K. Ergebnis

Die Einordnung der Ergänzungsabgabe in den historischen Kontext ihrer Einführung in das Grundgesetz sowie in die Systematik der Finanzverfassung hat ergeben, dass die Ergänzungsabgabe Ausnahmecharakter hat und insofern Erhebungsbeschränkungen unterliegt, die anderen, regulären Steuern fremd sind. Bei der Auslegung sind deshalb sowohl der Ausnahmecharakter der Ergänzungsabgabe als auch die Verhinderung finanzieller Abhängigkeiten im Bundesstaat sowie die intendierte Flexibilität und Selbständigkeit zu beachten.

Der Bund hat aufgrund seiner finanziellen Unterausstattung durch die Finanzverfassung im Grundgesetz von 1949 die alleinige Ertragshoheit der Ergänzungsabgabe erhalten. Diese ging und geht auch weiterhin mit der konkurrierenden Gesetzgebung des Bundes einher, die insofern auch zweckmäßig ist, da die Ergänzungsabgabe aufgrund der Erfahrungen mit der Inanspruchnahme dem Bund eine von den Ländern unabhängigere Möglichkeit zur Deckung seines Finanzbedarfs bieten sollte. Die Nennung der Ergänzungsabgabe unter Art. 106 Abs. 1 GG führt nicht dazu, dass eine Abgabe, die als Ergänzungsabgabe bezeichnet wird, eine Steuer darstellt. Vielmehr muss eine Ergänzungsabgabe tatbestandlich als Steuer ausgestaltet sein. In Abgrenzung zu nichtsteuerlichen Abgaben, insbesondere zu Sonderabgaben, darf die Ergänzungsabgabe nicht tatbestandlich an eine besondere Finanzierungsverantwortung einer bestimmten Gruppe von Abgabepflichtigen anknüpfen, sondern muss grundsätzlich, vorbehaltlich einer möglichen Ausgestaltung als Zwecksteuer, von der Allgemeinheit zur allgemeinen Finanzierung öffentlicher Aufgaben erhoben werden.

Die Erhebung einer Ergänzungsabgabe erfordert, dass auch die Einkommen- und Körperschaftsteuer erhoben werden. Die im Wortlaut enthaltene Verknüpfung von Ergänzungsabgabe und Einkommen- und Körperschaftsteuer zwingt den Gesetzgeber indes nicht dazu, sich bei der Ausgestaltung der Ergänzungsabgabe an der regulären Ertragsbesteuerung zu orientieren. Die ausdrückliche Ausgestaltung als selbständige Steuer ermöglicht dem Gesetzgeber die Berücksichtigung wirtschafts- und sozialpolitischer Ziele, etwa in Form von Freibeträgen, die in der Einkommen- und Körperschaftsteuer nicht vorgesehen sind. Die bisher stets gewählte Erhebungsform als Zuschlagsteuer ist nicht zwingend. Die Ergänzungsabgabe ist eine Steuer vom Einkommen und kann insofern sowohl das Einkommen selbst als auch die festgesetzte Einkommen- und Körperschaftsteuer als Bemessungsgrundlage haben. Die Wahl der Bemessungsgrundlage hat aufgrund des progressiven Tarifs der Einkommensteuer Auswirkungen auf die Mehrbelastung der Steuerpflichtigen. Bei Ausgestaltung als Zuschlagsteuer sind Steuerpflichtige mit geringerem individuellen Steuersatz weniger stark betroffen als Steuerpflichtige mit hohem individuellen Steuersatz. Dies schränkt jedoch die Wahlfreiheit des Gesetzgebers in Bezug auf die Bemessungsgrundlage nicht ein, da auch die Berücksichtigung wirtschafts- und sozialpolitischer Erwägungen bei der Ergänzungsabgabe zulässig ist. Aus dem Wortlaut des Art. 106 Abs. 1 Nr. 6 GG ergibt sich, dass die parallele Erhebung mehrerer Ergänzungsabgaben verfassungsrechtlich nicht zulässig ist.

Die zu Beginn der Arbeit formulierten Thesen, zum einen die Annahme einer verfassungsimmanenten Begrenzung der Höhe und Erhebungsdauer und zum anderen das Vorliegenmüssen eines Erhebungszwecks, sind insbesondere anhand einer systematischen und historischen Auslegung der Ergänzungsabgabe bestätigt worden. Die hierzu erarbeiteten Ergebnisse verdeutlichen den Ausnahmecharakter der Ergänzungsabgabe.

Die Ergänzungsabgabe unterliegt aufgrund der Systematik der Finanzverfassung Beschränkungen in der Höhe. Sie führt zu einem Verschieben der Steueraufteilung zugunsten des Bundes und birgt die Gefahr des Aushöhlens des bundesstaatlichen Finanzverteilungssystems zu Lasten der Länder. Ein solches Aushöhlen ist insofern zu befürchten, als die Erhebung einer Ergänzungsabgabe den gesetzgeberischen Spielraum zur Erhöhung der Verbundsteuern Einkommen- und Körperschaftsteuer einschränkt. Zudem wirkt sich die Erhebung auch auf die anderen Steuern aus, etwa indem durch geringere Kaufkraft das Aufkommen der Umsatzsteuer zurückgeht. Die zulässige Höchstgrenze ist aufgrund ihrer unterschiedlichen Wirkungsweise von der Wahl der Bemessungsgrundlage abhängig. In Anlehnung an konjunkturpolitische Instrumente, die insbesondere aufgrund ihrer konjunkturdämpfenden Wirkung mit der Ergänzungsabgabe vergleichbar sind, wurde die zulässige Höchstgrenze bei Erhebung als Zuschlagsteuer auf 10 % beziffert. Aus dem derzeit geltenden Spitzensteuersatz in Höhe von 45 % wurde abgeleitet, dass im Fall der direkten Erhebung vom Einkommen die Höchstgrenze 5 % beträgt.

Eine Mindesterhebungsdauer der Ergänzungsabgabe lässt sich aus den gesetzgeberischen Erwägungen und dem Sinn und Zweck der Abgabe nicht herleiten. Ebenso ist es nicht erforderlich, eine Ergänzungsabgabe von vornherein zu befristen. Sie unterliegt jedoch aufgrund der gesetzgeberischen Erwägungen und der auch in zeitlicher Hinsicht bestehenden Gefahr des Aushöhlens zeitlichen Beschränkungen. Zwar sollte die Ergänzungsabgabe als flexibles Element eine zu häufige Anwendung der Revisionsklausel vermeiden, ganz ausschließen sollte sie sie jedoch nicht. Ein Erfordernis einer alljährlichen Überprüfung ist abzulehnen, da diese Anlehnung an das nichtsteuerliche Instrument der Sonderabgabe dem weiten Einschätzungsspielraum des Steuergesetzgebers widerspricht. Der Gesetzgeber muss jedoch in der Lage sein, die Höhe des zusätzlichen

Finanzbedarfs abzuschätzen. Deshalb ist in Anlehnung an die mehrjährige Finanzplanung gemäß Art. 106 Abs. 3 Satz 3 Nr. 1 Satz 2 GG sowie § 9 StabG von einer höchstens zulässigen Erhebungsdauer von fünf Jahren auszugehen.

Die Ergänzungsabgabe erfordert außerdem einen über den allgemeinen Finanzbedarf, der über die reguläre Besteuerung zu decken ist, hinausgehenden Mehrbedarf. Es bedarf insofern aufgrund des Ausnahmecharakters der Ergänzungsabgabe und ihrer Konkurrenz zu den fiskalisch bedeutenden Verbundsteuern Einkommen- und Körperschaftsteuer eines Erhebungszwecks. Zunächst muss ein zusätzlicher Finanzbedarf beim Bund bestehen. Ein möglicherweise bei den Ländern ebenfalls bestehender zusätzlicher Bedarf steht der Erhebung der Ergänzungsabgabe dann nicht entgegen, wenn der Bund überproportional betroffen ist. Dieser zusätzliche Finanzbedarf muss zudem zum Zeitpunkt der Einführung der Steuer vorliegen. Eine Erhebung für einen zukünftigen Mehrbedarf ist nicht zulässig. Des Weiteren muss die Erhebung primär fiskalischen Zwecken dienen und die Verfolgung etwa konjunkturpolitischer Ziele ist nur sekundär möglich. Dies begründet sich in der sachlichen Nähe zu den Inanspruchnahmegesetzen, die ausschließlich zur Deckung des finanziellen Bedarfs des zu der Zeit unterfinanzierten Bundes dienten. Die Vermeidbarkeit des Mehrbedarfs ist hingegen nicht ausschlaggebend. Die Ergänzungsabgabe kann insofern für unerwartete finanzielle Engpässe, etwa aufgrund konjunkturell bedingter Steuerausfälle, aber auch für geplante Ausgaben, z.B. bei Reformprojekten, erhoben werden. Eine Festlegung dieses Erhebungszwecks im Gesetzestext selbst ist in Abgrenzung zu Sonderabgaben nicht notwendig. Allerdings muss der Gesetzgeber den Mehrbedarf zumindest in der Gesetzesbegründung benennen.

Steuersenkungen indizieren zwar den Wegfall des Mehrbedarfs, ebenso wie Steuererhöhungen eine anderweitige Deckung der zusätzlichen Ausgaben nahelegen. Hieraus lässt sich jedoch nicht ableiten, dass Änderungen der regulären Steuern zwangsläufig zur Verfassungswidrigkeit der Ergänzungsabgabe führen. Es kommt für die Beurteilung vor allem darauf an, wie sich die Steueränderungen auswirken, insbesondere ob sie zu Mehr- bzw. Mindereinnahmen bei den Ländern oder beim Bund oder beiden führen und ob die gesetzgeberischen Erwägungen, die zur Begründung der Änderungen der regulären Steuern angeführt werden, offensichtlich den Wegfall oder die anderweitige Deckung des durch die Ergänzungsabgabe zu finanzierenden Mehrbedarfs zeigen.

4. Kapitel: Verfassungsmäßigkeit und Zukunft des Solidaritätszuschlags

Der Solidaritätszuschlag wird seit 1995 erhoben und befand sich somit im Veranlagungszeitraum 2018 mittlerweile im 24. Jahr seiner Erhebung. Die 2017 erfolgte Neuregelung des bundesstaatlichen Finanzausgleichssystems und der Wahlkampf zur Bundestagswahl im selben Jahr wurden nicht für eine politische Debatte über das Fortbestehen des Solidaritätszuschlags genutzt. Eine solche Debatte wäre wünschenswert, da ab 2020 die Sonderbedarfs-Bundesergänzungszuweisungen und damit ein erheblicher Teil der vom Bund unmittelbar zu tragenden wiedervereinigungsbedingten Lasten wegfallen. Insofern stellt sich die Frage nach der Rechtfertigung der weiteren Erhebung des Solidaritätszuschlags im Hinblick auf seinen Finanzierungszweck, auch deshalb, weil die sog. „Große Koalition" trotz Ausbleibens einer Debatte im Bundestagswahlkampf in ihrem Koalitionsvertrag zunächst eine Teil- und langfristig eine vollständige Abschaffung des Solidaritätszuschlags vereinbart hat[340].

Im Folgenden wird zunächst die Verfassungsmäßigkeit des Solidaritätszuschlags bei seiner Einführung und während seiner Erhebungsdauer geprüft. Diese ist weiterhin in der Literatur umstritten[341] und war Gegenstand höchstrichterlicher[342] und verfassungsgerichtlicher[343] Rechtsprechung. In der Rechtsprechung wurde, abgesehen von den Vorlagebeschlüssen des Niedersächsischen Finanzgerichts[344], eine Verfassungswidrigkeit jedoch stets verneint. Vorliegend wird auf Basis dieser Literatur und Rechtsprechung sowie anhand der herausgearbeiteten Erhebungsvoraussetzungen die Verfassungsmäßigkeit des Solidaritätszuschlags geprüft. Im Anschluss werden Vorschläge der Politik und Literatur zur Zukunft des Solidaritätszuschlags dargestellt und ebenfalls auf ihre Verfassungsmäßigkeit überprüft. Dabei werden folgende Ansätze diskutiert: die Integration in den Tarif der Einkommen- und Körperschaftsteuer sowie verschiedene

---

340 CDU/CSU/SPD, S. 53f.

341 Z.B. *Schemmel*, Verfassungswidriger Solidaritätszuschlag; *Wiss. Beirat EY*, S. 1309; *Selmer/Hummel*, S. 365.

342 Z.B. BFH, Beschluss v. 28.06.2006, VII B 324/05, BStBl. II 2006, S. 692; Urteil v. 21.07.2011, II R 52/10, BStBl. II 2012, S. 43.

343 Z.B. BVerfG, Beschluss v. 08.09.2010, 2 BvL 3/10, BFH/NV 2010, S. 2217.

344 Nds. FG, Beschluss v. 25.11.2009, 7 K 143/08, DStR 2010, S. 854 und im selben Verfahren v. 21.08.2013, DStRE 2014, S. 534.

Zwecke zur Umwidmung, also einer Weitererhebung mit einem anderen Zweck. Zudem wird die von der Bundesregierung geplante Teilabschaffung des Solidaritätszuschlags für 90 % der jetzigen Zahlungspflichtigen anhand der herausgearbeiteten Erhebungsvoraussetzungen einer Ergänzungsabgabe überprüft.

Die lange Erhebungsdauer des Solidaritätszuschlags und der großteilige Wegfall unmittelbarer Kosten der Wiedervereinigung rechtfertigen trotz dieser geplanten Teilabschaffung eine verfassungsrechtliche Überprüfung anhand der herausgearbeiteten finanzverfassungsrechtlichen Erhebungsvoraussetzungen von Ergänzungsabgaben.

A. Verfassungsmäßigkeit des Solidaritätszuschlags 1995

Zunächst stellt sich die Frage, ob der derzeit erhobene Solidaritätszuschlag[345] den herausgearbeiteten Erhebungsvoraussetzungen genügt. Hierbei ist zum einen zu prüfen, ob diese Erhebungsvoraussetzungen zum Zeitpunkt der Einführung vorlagen und zum anderen, ob der Solidaritätszuschlag während seiner Erhebung verfassungswidrig geworden ist oder in Zukunft werden wird.

Der Solidaritätszuschlag wird einhellig als Ergänzungsabgabe eingeordnet und auch in § 1 SolZG als solche bezeichnet[346]. Hieraus folgt, dass die für die Ergänzungsabgabe herausgearbeiteten Erhebungsvoraussetzungen auf den Solidaritätszuschlag anwendbar sind. Anhand dieser Voraussetzungen wird im Folgenden die Verfassungsmäßigkeit des SolZG geprüft.

1. Ertragshoheit

Wie herausgearbeitet wurde, muss das Aufkommen aus einer Ergänzungsabgabe ausschließlich in den Bundeshaushalt fließen. Dem Bund steht insofern die alleinige Ertragshoheit zu. Die Gesetzesbegründung zur Einführung des Solidaritätszuschlags spricht die Ertragshoheit nicht explizit an. In der Begründung zu § 1 SolZG[347] und im Wortlaut der Norm selbst wird der Solidaritätszuschlag unter Bezugnahme auf Art. 106 Abs. 1 Nr. 6 GG als Ergänzungsabgabe eingeordnet, wodurch die Zuweisung des Aufkommens zum Bund impliziert ist. Des

345 Im Kontext dieser Arbeit bezeichnet „Solidaritätszuschlag" die durch das Gesetz zur Umsetzung des Föderalen Konsolidierungsprogramms FKPG, BGBl. I 1993, S. 944, 975 zum VZ 1995 eingeführte Ergänzungsabgabe und nicht die 1991/92 erhobene, ebenfalls als Solidaritätszuschlag bezeichnete Abgabe.

346 Statt vieler *Kratzsch,* in: Frotscher/Geurts, SolZG, § 1 Rn. 6; *Lindberg,* in: Blümich, SolZG 1995, § 1 Rn. 1.

347 BT-Drs. 12/4401, S. 104.

Weiteren geht die Gesetzesbegründung in ihren Berechnungen zur Entlastung des Haushalts von Mehreinnahmen in Höhe von 12 Mrd. DM zugunsten des Bundes aus[348]. Auch faktisch fließt das Aufkommen des Solidaritätszuschlags in den Bundeshaushalt[349]. Für den Haushalt 2017 rechnet der Bund mit Einnahmen aus dem Solidaritätszuschlag in Höhe von 17,35 Mrd. Euro[350]. Es gibt keine Indizien dafür, dass das Erfordernis, dass der Bund die alleinige Ertragshoheit bei einer Ergänzungsabgabe haben muss, beim Solidaritätszuschlag nicht eingehalten wurde.

2. Gesetzgebungskompetenz

Weiterhin steht dem Bund die konkurrierende Gesetzgebung für die Erhebung einer Ergänzungsabgabe zu[351]. Ein Gesetz über die Erhebung einer Ergänzungsabgabe ist zudem aufgrund Art. 105 Abs. 3 GG nicht zustimmungspflichtig. Der Solidaritätszuschlag wurde durch das Gesetz zur Umsetzung des Föderalen Konsolidierungsprogramms (FKPG)[352] eingeführt, welches der Bundestag in seiner Sitzung vom 27.05.1993 angenommen hat[353]. Der Bundesrat hat dem Gesetz in seiner Sitzung vom 28.05.1993 zugestimmt[354]. Zwar war das SolZG 1995 für sich betrachtet gem. Art. 105 Abs. 3 GG nicht zustimmungspflichtig. Die Zustimmungspflicht zum FKPG ergab sich jedoch aus anderen Regelungen des Gesetzes, etwa Art. 24 zur Änderung des EStG (Art. 105 Abs. 3 i.V.m. Art. 106 Abs. 3 Satz 1 GG). Die Zustimmung erstreckt sich dann auch auf das SolZG. Dies steht der formellen Rechtmäßigkeit des SolZG nicht entgegen[355]. Die Zustimmung des Bundesrates ist insofern unschädlich.

---

348 BT-Drs. 12/4401, S. 6, 7, 55.

349 *Wiss. Beirat EY*, S. 1310.

350 BT-Drs. 18/9200, S. 2880.

351 Vorliegend wird die Frage behandelt, ob bei Einführung des SolZG die herausgearbeiteten Kriterien zur Gesetzgebungskompetenz eingehalten wurden. Hiervon zu trennen ist, dass die Erhebung einer verfassungswidrig gewordenen Ergänzungsabgabe dann nicht mehr von der Gesetzesfortführungskompetenz gedeckt ist, Nds. FG, Beschluss v. 25.11.2009, 7 K 143/08, DStR 2010, S. 854, 857f.

352 BGBl. I 1993, S. 944, dort Art. 31, S. 975.

353 Plenarprotokoll der 161. Sitzung des Bundestages, 27.05.1993, S. 13799 (A).

354 Plenarprotokoll der 657. Sitzung des Bundesrates, 28.05.1993, S. 221 (D)f.

355 FG Münster, Urteil v. 27.09.2005, 12 K 6263/03 E, EFG 2006, S. 371, 372.

3. Steuer

Eine Ergänzungsabgabe ist nur dann zulässig, wenn sie als Steuer erhoben wird. Der Solidaritätszuschlag erfüllt die Merkmale des insofern heranzuziehenden einfachgesetzlichen Steuerbegriffs des § 3 Abs. 1 AO[356]. Es handelt sich um eine von einem öffentlich-rechtlichen Gemeinwesen auferlegte Geldleistung, die dem Zweck der Einnahmeerzielung dient. § 2 SolZG regelt, dass der Solidaritätszuschlag grundsätzlich von allen unbeschränkt Einkommensteuerpflichtigen, allen erweitert beschränkt Steuerpflichtigen i.S.d. § 2 AStG und allen Körperschaftsteuerpflichtigen zu entrichten ist. Somit sind grundsätzlich alle einkommen- und körperschaftsteuerpflichtigen Steuersubjekte zur Leistung des Solidaritätszuschlags verpflichtet. Es handelt sich deshalb insbesondere nicht um eine Sonderabgabe[357], die von einer bestimmten Personengruppe erhoben würde[358].

Auch weitere Tatbestandsmerkmale sind vorliegend nicht erfüllt. So würde eine Sonderabgabe zur Finanzierung besonderer Aufgaben nicht in den allgemeinen Haushalt fließen, sondern in Parafisci. Der Solidaritätszuschlag fließt jedoch, wie dargelegt, in den allgemeinen Bundeshaushalt und stellt auch deshalb keine Sonderabgabe dar[359]. Darüber hinaus liegt auch keine Gegenleistung vor, denn eine solche Gegenleistung müsste konkret und unmittelbar sein, mittelbare Gegenleistungen fallen nicht unter den Gegenleistungsbegriff des § 3 Abs. 1 AO[360]. Eine Zweckbindung des Aufkommens wäre unschädlich, da es sich hierbei um keine unmittelbare Gegenleistung handeln würde[361]. Im Übrigen handelt es sich auch nicht um eine solche Zwecksteuer: Das Aufkommen fließt in den allgemeinen Bundeshaushalt und unterliegt keiner Zweckbindung und dient außerdem keinem bestimmten Lenkungsziel[362].

Der Solidaritätszuschlag ist demnach, wie von den herausgearbeiteten Kriterien vorgegeben, als Steuer ausgestaltet und genügt auch insofern den Anforderungen der Verfassung.

---

356 Siehe i.E. auch *Kube*, Fortgesetzte Erhebung, S. 10; *Hilgers/Holly*, S. 1419; *Bartone*, Solidaritätszuschlag, C., 2., a).

357 BFH, Urteil v. 28.02.1996, XI R 83, 84/94, BFH/NV 1996, S. 712; FG Münster, Urteil v. 27.09.2005, 12 K 6263/03 E, EFG 2006, S. 371, 372; bestätigt durch BFH, Beschluss v. 28.06.2006, VII B 324/05, BStBl. II 2006, S. 693, 693.

358 *Seer*, in: Tipke/Lang, § 2 Rn. 25.

359 *Hilgers/Holly*, S. 1419.

360 *Drüen*, in: Tipke/Kruse, § 3 AO Rn. 18.

361 *Drüen*, in: Tipke/Kruse, § 3 AO Rn. 18a.

362 *Wiss. Beirat EY*, S. 1310; *Rohde/Geschwandtner*, S. 3333f; *Schulemann*, S. 5.

4. Verhältnis zur Einkommen- und Körperschaftsteuer sowie Bemessungsgrundlage

Die Erhebung einer Ergänzungsabgabe erfordert die gleichzeitige Erhebung der Einkommen- und Körperschaftsteuer. Der Verfassunggeber intendierte eine ergänzende, zusätzliche Steuer zur regulären Ertragsbesteuerung. Derzeit wird neben dem Solidaritätszuschlag auch die Einkommen- und die Körperschaftsteuer erhoben, so dass insofern keine Bedenken bestehen. Des Weiteren darf die inhaltliche Ausgestaltung einer Ergänzungsabgabe von der Ausgestaltung der Einkommen- und Körperschaftsteuer abweichen. So ist etwa die Berücksichtigung sozialer Gesichtspunkte, wie in § 3 Abs. 3 und Abs. 4 SolZG durch Freibeträge geschehen, zulässig. § 5 SolZG regelt außerdem, dass, wenn aufgrund eines DBA Steuern ermäßigt werden, diese Ermäßigung zunächst auf den Solidaritätszuschlag zu beziehen ist. Insofern findet kein Gleichlauf zwischen der Einkommen- und Körperschaftsteuer und dem Solidaritätszuschlag statt, was verfassungsrechtlich jedoch nicht zu beanstanden ist. Die Ergänzungsabgabe kann sowohl direkt vom Einkommen als auch als Zuschlagsteuer zur Einkommen- und Körperschaftsteuer erhoben werden. Das SolZG wählt die Erhebung als Zuschlagsteuer (§ 3 Abs. 1–2a SolZG)[363]. Verfassungsrechtliche Bedenken bestehen gegen die genannten Aspekte nicht.

5. Höhe

Als maximal zulässige Höhe einer Ergänzungsabgabe wurde in Bezug auf die Einkommen- und Körperschaftsteuer als Bemessungsgrundlage ein Tarif von 10 % herausgearbeitet.[364] Da der Solidaritätszuschlag in Form der Zuschlagsteuer erhoben wird, gilt vorliegend auch diese tarifliche Begrenzung. Das SolZG sah zunächst bei seiner Einführung einen Tarif i.H.v. 7,5 % der Bemessungsgrundlage vor. Dieser Tarif wurde durch das Gesetz zur Senkung des Solidaritätszuschlags[365]

---

363 Näher hierzu *Lutter*, in: Lippross/Seibel, SolZG, § 3 Rn. 4ff.

364 Siehe 3. Kapitel, F. 2.

365 Gesetz zur Senkung des Solidaritätszuschlags v. 21.11.1997, BStBl. I 1997, S. 967. Die Absenkung des Solidaritätszuschlags war zunächst als Teil eines Steuerreformgesetzes 1998, BT-Drs. 13/7242; 13/7775 geplant. Diesem zustimmungspflichtigen Steuerreformgesetz stimmte der Bundesrat jedoch nicht zu, Plenarprotokoll der 714. Sitzung des Bundesrates, 04.07.1997, S. 274 (C). Deshalb wurde die Absenkung des Solidaritätszuschlags durch nicht-zustimmungspflichtiges Gesetz vom Bundestag beschlossen, BT-Drs. 13/8701, S. 6.

auf 5,5 % abgesenkt. Gegen beide Tarife bestehen keine verfassungsrechtlichen Bedenken[366].

6. Erhebungsdauer

Für die Erhebungsdauer ist herausgearbeitet worden, dass die Ergänzungsabgabe keiner Mindesterhebungsdauer unterliegt und auch nicht von vornherein befristet sein muss. Aus dem gesetzgeberischen Willen und der Systematik der Finanzverfassung ergibt sich jedoch, dass die Ergänzungsabgabe kein Dauerfinanzierungsinstrument sein darf und sie insofern einer Höchsterhebungsdauer von maximal fünf Jahren unterliegt.

Zunächst ist festzustellen, dass das SolZG 1995, im Gegensatz zum SolZG 1991[367], keine gesetzlich festgelegte Erhebungsdauer und somit keine Befristung vorsieht. Dies ist jedoch verfassungsrechtlich nicht erforderlich und insofern grundsätzlich nicht zu beanstanden. Allerdings befindet sich der Solidaritätszuschlag im Veranlagungszeitraum 2018 im 24. Jahr seiner Erhebung. Damit überschreitet er die herausgearbeitete Höchsterhebungsdauer von fünf Jahren deutlich. Das SolZG hätte demnach mit Ablauf des Veranlagungszeitraums 1999 abgeschafft werden müssen. Seitdem ist der Solidaritätszuschlag aufgrund der Übersteigung der maximalen Höchstdauer verfassungswidrig[368].

7. Zweck

I. Erhebungszweck bei Einführung

Die Erhebung einer Ergänzungsabgabe bedarf eines konkreten, derzeitigen finanziellen Mehrbedarfs des Bundes. Dieser kann entweder gesetzlich festgelegt

---

366 Siehe hierzu auch die Ausführungen zur bisherigen Rechtsprechung im 3. Kapitel, F., 2., I. A.A. *Schemmel*, S. 11 ff.

367 Zwar verwenden beide Gesetze den Begriff „Solidaritätszuschlag“, das SolZG 1991 wurde jedoch vor allem mit aus Veränderungen der Weltlage resultierenden Mehrbelastungen des Bundes, v.a. in Bezug auf den Golfkrieg und die Staaten in Mittel-, Ost- und Südeuropa, begründet und verfolgte insofern einen anderen Finanzierungszweck, BT-Drs. 12/220, S. 6. Die Dauer der Erhebung des SolZG 1991 ist deshalb nicht in die verfassungsrechtliche Beurteilung der Erhebungsdauer des SolZG 1995 einzubeziehen.

368 Ebenfalls eine Verfassungswidrigkeit aufgrund der langen Erhebungsdauer bejahend *Schulemann*, S. 9. A.A. ausdrücklich *Hilgers/Holly*, S. 1419, die die Erhebung bis zum VZ 2010 und „darüber hinaus“ als verfassungsmäßig ansehen, siehe auch die finanzgerichtliche Rechtsprechung, siehe oben Fn. 3 sowie Fn. 5.

sein oder muss zumindest in der Gesetzesbegründung zum Ausdruck kommen. Ein gegebenenfalls bei den Ländern ebenfalls gesteigerter Finanzbedarf steht der Erhebung nicht entgegen, wenn der Bund stärker als die Länder betroffen ist.

Das SolZG 1995 wurde durch das FKPG eingeführt[369]. Das FKPG sollte ausweislich der Gesetzesbegründung der dauerhaften Finanzierung des „Aufholprozesses" in Ostdeutschland, der Bewältigung der Erblastschulden der sozialistischen Herrschaft in der ehemaligen Deutschen Demokratischen Republik, der gerechten Verteilung der hieraus resultierenden Finanzierungslasten auf die öffentlichen Haushalte sowie der Konsolidierung der öffentlichen Haushalte als Grundlage einer gesunden gesamtwirtschaftlichen Entwicklung dienen[370]. Zusätzlich wird ausgeführt, dass der Solidaritätszuschlag zur „Abdeckung der im Zusammenhang mit der deutschen Vereinigung entstandenen finanziellen Belastungen"[371] erhoben wird. Dies schränkt den Zweck des Solidaritätszuschlags insofern ein, als dieser nicht zur allgemeinen Konsolidierung der öffentlichen Haushalte erhoben wird, sondern nur für im Zusammenhang mit der Wiedervereinigung stehende finanzielle Belastungen[372]. In die gleiche Richtung weist die spezielle Begründung zum Solidaritätszuschlag, der demnach zur „Finanzierung der Vollendung der Einheit Deutschlands" als „solidarisches finanzielles Opfer aller Bevölkerungsgruppen" erhoben wird[373].

Diese einigungsbedingten Kosten treffen den Bund ausweislich der Gesetzesbegründung im Verhältnis zu den „alten" Bundesländern überproportional, weshalb u.a. auch eine Anpassung der Umsatzsteueranteile angestrebt wurde[374]. Ein direkter Bezug dieser überproportionalen Belastung zur Erhebung eines Solidaritätszuschlags wird dort zwar nicht hergestellt. Aus dem Sinnzusammenhang ergibt sich jedoch, dass auch der Solidaritätszuschlag, eingebettet in eine

---

369 BGBl. I 1993, S. 944 dort Art. 31, S. 975.

370 BT-Drs. 12/4748, S. 1.

371 BT-Drs. 12/4748, S. 4; der Bezug zum Solidaritätszuschlag befindet sich dort auf S. 5.

372 So i.E. auch *Kube*, Fortgesetzte Erhebung, S. 10. A.A. *Hilgers/Holly*, S. 1420, die die Formulierung der Gesetzesbegründung als auch für andere Zwecke offen betrachten, im Folgenden allerdings Erhebungszweck und Verwendungszweck (im Sinne einer Zweckbindung des Aufkommens) nicht differenzieren. Diese Einschränkung des Erhebungszwecks übersehend *Wiss. Beirat EY*, S. 1313, der jedoch davon ausgeht, dass die allgemeine Konsolidierung der öffentlichen Haushalte eine Ergänzungsabgabe nicht rechtfertigen kann. Ebenfalls diese Einschränkung übersehend *Rohde/Geschwandtner*, S. 3334, die zudem in unzulässiger Weise auch die Begründung des Solidaritätszuschlags 1991 heranziehen.

373 BT-Drs. 12/4401, S. 51.

374 BT-Drs. 12/4748, S. 4.

Vielzahl von Maßnahmen, der Abdeckung eines finanziellen Mehrbedarfs dient, der beim Bund im Verhältnis zu den Ländern überproportional hoch ist. Der Zweck des Solidaritätszuschlags erfüllt insofern die Anforderung eines Mehrbedarfs des Bundes, der im Fall eines gesamtstaatlichen Mehrbedarfs den der Länder übersteigen muss.

Der Solidaritätszuschlag wird zudem nicht für einen zukünftigen, zum Zeitpunkt der Einführung noch nicht vorliegenden Finanzbedarf erhoben. Der Solidaritätszuschlag wird trotz der Verabschiedung des Gesetzes im Jahr 1993 gemäß § 3 SolZG für Veranlagungszeiträume ab 1995 erhoben. Spätestens ab 1995 liegt auch ein korrespondierender Mehrbedarf vor, z.B. wurden ab dem 01.01.1995 die angesprochenen finanziellen Erblasten in einen vom Bund zu tilgenden Erblastentilgungsfonds gebündelt[375]. Andere Maßnahmen begründen außerdem bereits vor Erhebung des Solidaritätszuschlags einen derzeitig vorliegenden finanziellen Mehrbedarf des Bundes: etwa die Übernahme von Schulden von besonders belasteten Unternehmen der Wohnungswirtschaft in den „neuen" Ländern[376]. Der Solidaritätszuschlag diente zudem vornehmlich fiskalischen Zwecken. Es bestehen insofern keine verfassungsrechtlichen Bedenken bzgl. des Erhebungszwecks: Der Zweck wurde zwar gesetzlich nicht festgelegt, jedoch in der Gesetzesbegründung ausreichend dargelegt. Der zur Begründung angeführte Mehrbedarf belastet den Bund stärker als die Länder und lag auch zum Zeitpunkt der Erhebung vor.

II. Zweckerreichung

Die (vorzeitige) Erreichung des Erhebungszwecks führt zur Verfassungswidrigkeit eines bestehenden Ergänzungsabgabegesetzes. Deshalb wird im Folgenden geprüft, ob der bei Einführung des SolZG angegebene Zweck zwischenzeitlich erreicht wurde[377]. Hierbei kommt es in erster Linie darauf an, ob aus der Wiedervereinigung weiterhin ein finanzieller Mehrbedarf des Bundes resultiert. Wie dargelegt sind hieran keine hohen Maßstäbe zu legen, insbesondere muss auch keine absolute Kongruenz von Aufkommen des Solidaritätszuschlags und den unmittelbar mit der Wiedervereinigung in Zusammenhang stehenden Kosten des Bundes vorliegen, sofern eine genaue Ermittlung dieser Kosten überhaupt

375 BT-Drs. 12/4748, S. 3.

376 BT-Drs. 12/4748, S. 3.

377 Die Frage, ob das SolZG zwischenzeitlich umgewidmet wurde, d.h. der Solidaritätszuschlag mittlerweile zu einem anderen Zweck erhoben wird und die Verfassungsmäßigkeit einer möglichen Umwidmung wird unter 4. Kapitel, B., 2., II. und III. behandelt.

möglich ist. Es ist also zu prüfen, ob Ausgaben und andere finanzielle Belastungen des Bundes vorliegen, die in unmittelbarem oder mittelbarem Zusammenhang mit der Wiedervereinigung stehen und insofern als Rechtfertigung für den Solidaritätszuschlag herangezogen werden können.

a) Unmittelbare Kosten der Wiedervereinigung

(i) Erblastentilgungsfonds

In der Gesetzesbegründung explizit angesprochen wird der sog. Erblastentilgungsfonds. Er bündelte als Sondervermögen des Bundes finanzielle Altlasten der Deutschen Demokratischen Republik. Dieser Fonds wurde allerdings zum 31.12.2015 aufgelöst, wobei der Bund in die Rechte und Pflichten des Fonds eintrat. Die Auflösung des Fonds wurde mit dem „deutlich zurückgegangenen Aufgabenumfang" und „der nur noch untergeordneten finanziellen Relevanz" des Fonds begründet[378]. Ein Wegfall des finanziellen Mehrbedarfs des Bundes kann indessen aus der Auflösung nicht geschlossen werden. Die vollständige Erledigung der Aufgaben des Fonds dauert ausweislich der Gesetzesbegründung noch bis nach 2030, weshalb auch das Erblastentilgungsfonds-Gesetz bis zur Erledigung sämtlicher Aufgaben in Kraft bleibt[379].

Im Ergebnis bewirkt die Auflösung des Fonds lediglich, dass die entsprechenden Zahlungsströme unmittelbar im Bundeshaushalt eingeplant werden, die Erblasten demnach also kein Sondervermögen des Bundes mehr darstellen. Eine finanzielle Mehrbelastung des Bundes aus den Erblasten kann jedoch trotz Auflösung des Fonds weiterhin vorliegen[380]. Die Inkorporation in den allgemeinen Bundeshaushalt aufgrund der untergeordneten finanziellen Relevanz des Fonds lässt jedoch für sich gesehen eine Zweckerreichung möglich erscheinen.

(ii) Sonderbedarfs-Bundesergänzungszuweisungen

Allerdings äußert sich der weiterhin bestehende finanzielle Mehrbedarf des Bundes zudem auch in den gemäß § 11 Abs. 3 FAG gewährten Sonderbedarfs-Bundesergänzungszuweisungen, die die sog. „neuen" Bundesländer bis 2019 zur Bewältigung teilungsbedingter Sonderlasten erhalten. Diese sind zwar degressiv

---

378 BT-Drs. 18/3199, S. 8.

379 BT-Drs. 18/3199, S. 8.

380 Für den VZ 2007 argumentierte das FG Köln ebenfalls auf Basis des Erblastentilgungsfonds mit einem weiterhin bestehenden Mehrbedarf des Bundes, siehe Urteil v. 14.01.2010, 13 K 1287/09, DStRE 2010, S. 1061, 1063.

ausgestaltet und unterschreiten das Aufkommen des Solidaritätszuschlags, gleichwohl stellen sie zumindest bis 2019 weiterhin eine finanzielle Mehrbelastung des Bundes dar, die insofern zur Rechtfertigung des SolZG in Bezug auf seinen Zweck zu beachten ist[381]. Es besteht also auch insofern ein Mehrbedarf des Bundes, der einen Bezug zum Zweck des Solidaritätszuschlags aufweist und die weitere Erhebung rechtfertigt. Diese Sonderbedarfs-Bundesergänzungszuweisungen entfallen nach 2019 jedoch ersatzlos[382]. Ab diesem Zeitpunkt fällt somit zumindest ein signifikanter Teil der wiedervereinigungsbedingten finanziellen Mehrbelastungen des Bundes weg. Da auch die Erblasten fiskalisch mittlerweile lediglich eine untergeordnete Rolle spielen, legt der Wegfall der Sonderbedarfs-Bundesergänzungszuweisungen ab 2019 eine Zweckerreichung und damit eine Verfassungswidrigkeit des SolZG nahe.

(iii) Weitere angeführte unmittelbare Kosten

Der finanzielle Mehrbedarf besteht jedoch, wie auch die Bundesregierung betont[383], eben nicht nur in den Sonderbedarfs-Bundesergänzungszuweisungen. Gleichwohl können die von der Bundesregierung zusätzlich angeführten unmittelbaren Mehrbelastungen nicht (mehr) zur Rechtfertigung des Solidaritätszuschlags herangezogen werden. So bezieht sich die Bundesregierung etwa auf Bundeszuschüsse an den Fonds „Deutsche Einheit", die jedoch bereits vor Einführung des SolZG zu leisten waren, auf Bundesfinanzhilfen im Rahmen des Investitionsförderungsgesetzes „Aufbau Ost", die 2001 endeten, und auf im Vergleich zu den westdeutschen Ländern überproportionale Leistungen an die ostdeutschen Länder[384]. Ansonsten führt die Bundesregierung aus, der Solidaritätszuschlag habe zur Finanzierung der unternommenen Aufbauanstrengungen nie ausgereicht[385]. Es wird somit deutlich, dass die unmittelbar dem „Aufbau Ost" bzw. der Wiedervereinigung zurechenbaren Kosten weitgehend weggefallen sind bzw. bis 2019 wegfallen werden. Die Übernahme des Erblastentilgungsfonds in den regulären Bundeshaushalt zeigt die untergeordnete Bedeutung dieses, jedoch unbestritten fortbestehenden Mehrbedarfs.

---

381 Der *Wiss. Beirat EY* geht aufgrund der degressiven Ausgestaltung von einem schrittweisen Hineinwachsen des SolZG in die Verfassungswidrigkeit aus, siehe S. 1312.

382 BT-Drs. 18/11135, S. 60.

383 BT-Drs. 17/10933, S. 2.

384 BT-Drs. 17/10933, S. 3.

385 BT-Drs. 17/10933, S. 2, diese Aussage begründet keine verfassungswidrige Zweckverfehlung, denn es ist nicht erforderlich, dass der Mehrbedarf ausschließlich durch die Ergänzungsabgabe gedeckt wird; siehe 3. Kapitel, J., 3.

(iv) Ergebnis zu unmittelbaren Kosten

Der Großteil der unmittelbaren Kosten der Wiedervereinigung, etwa die Bundeszuschüsse an den Fonds „Deutsche Einheit“ und die Bundesfinanzhilfen im Rahmen des Investitionsförderungsgesetzes, sind bereits weggefallen oder sind mittlerweile Teil des regulären Bundeshaushalts, wie die Kosten des aufgelösten Erblastentilgungsfonds. Gleichwohl besteht durch die Kosten des Erblastentilgungsfonds und die Sonderbedarfs-Bundesergänzungszuweisungen weiterhin ein unmittelbarer Finanzbedarf des Bundes durch die Wiedervereinigung. Die degressive Ausgestaltung dieser Sonderbedarfs-Bundesergänzungszuweisungen sowie ihr vollständiges Wegfallen nach 2019 legt jedoch auch hier nahe, dass unmittelbare Kosten durch die Wiedervereinigung nur noch in geringem Ausmaße vorliegen.

b) Mittelbare Kosten der Wiedervereinigung

Allerdings begründen nicht nur unmittelbar dem Erhebungszweck zurechenbare Kosten, sondern auch mittelbare (Folge-)Kosten grundsätzlich einen Mehrbedarf des Bundes. Insofern ist zu beachten, dass die Wiedervereinigung auch durch die Aufnahme von Krediten finanziert wurde, deren Tilgung weiterhin den Bundeshaushalt belastet[386]. Die Feststellung der Bundesregierung, dass ein finanzieller Mehrbedarf aus der Wiedervereinigung weiterhin besteht, reicht insofern aus, um einen verfassungsrechtlich nicht zu beanstandenden Erhebungszweck zu begründen[387]. Denn wie dargelegt erfordert die Erhebung zwar einen finanziellen Mehrbedarf des Bundes, an die Begründung sind jedoch aufgrund der Einschätzungsprärogative des Steuergesetzgebers und der zeitlichen Einschränkung der Erhebung keine zu hohen Anforderungen zu stellen. Eine Zweckerreichung muss deshalb evident vorliegen und darf nicht lediglich daran festgemacht werden, dass unmittelbar dem Zweck zurechenbare Kosten weggefallen sind. Dieser Umstand verdeutlicht nochmal das Erfordernis einer vom

---

386 *Meßbacher-Hönsch*, S. 1011. *Rama*, S. 28 fordert in Bezug auf die wiedervereinigungsbedingten Schulden einen konkreten Tilgungsplan, da ansonsten ein dauerhafter Finanzierungsbedarf bestünde. Eine solch starke Eingrenzung der Einschätzungsprärogative des Steuergesetzgebers ergibt sich jedoch nicht aus den Erhebungsvoraussetzungen der Ergänzungsabgabe.

387 I.E. auch *Meßbacher-Hönsch*, S. 1011. A.A. *Kube*, Fortgesetzte Erhebung, S. 19, der zumindest ab 2019 keinen spezifischen Finanzbedarf des Bundes aufgrund der Wiedervereinigung mehr sieht, im Folgenden jedoch keine automatische Verfassungswidrigkeit ab 2020 annimmt, sondern eine „Abschmelzung“ des Solidaritätszuschlags für möglich hält.

Zweck losgelösten Höchsterhebungsdauer, denn, wie sich am Beispiel des SolZG zeigt, lässt sich ein zumindest mittelbarer Mehrbedarf gerade bei langfristig angelegten Finanzierungsaufgaben stets herleiten.

c) Indikation der Zweckerreichung durch Steuersenkungen

Teilweise wird vertreten, dass die seit der Einführung des SolZG vorgenommenen Steuersenkungen, insbesondere durch das Steuerentlastungsgesetz 1999/2000/2002[388], zur Verfassungswidrigkeit des Solidaritätszuschlags führen, mithin eine Zweckerreichung im hier verstandenen Sinne vorliegt[389]. Bei der Prüfung einer durch Steuersenkungen implizierten Zweckerreichung ist, wie dargelegt, zum einen zu beachten, wie sich die Steuersenkungen auswirken und zum anderen, dass der Wegfall des Mehrbedarfs offensichtlich sein muss. Durch das Steuerentlastungsgesetz 1999/2000/2002 wurden die Steuersätze der Einkommen- und Körperschaftsteuer relativ stark abgesenkt. Dies führt jedoch sowohl bei den Ländern als auch beim Bund zu Mindereinnahmen[390]. Insofern kann aus einer allgemeinen Steuersenkung nicht geschlossen werden, dass ein beim Bund im Vergleich zu den Ländern bestehender Mehrbedarf nicht mehr vorliegt. Wollte man dies annehmen, dann müsste die Steuerreform vor allem den Bund betreffen. Außerdem ging mit der Absenkung des Tarifs auch eine Verbreiterung der Bemessungsgrundlage einher, wodurch zumindest teilweise die aus der Senkung resultierenden Mindereinnahmen gegenfinanziert werden sollten[391]. Diese Verbreiterung der Bemessungsgrundlage wurde in Zukunft auch fortgesetzt, so dass auch auf längere Sicht nicht von einer Indizwirkung der Steuersenkungen des Steuerentlastungsgesetzes in Bezug auf die Zweckerreichung des Solidaritätszuschlags gesprochen werden kann[392]. Ähnliches gilt auch für die Erhöhung des Umsatzsteuersatzes[393], die ebenfalls sowohl Bund als auch Ländern zugutekommt und insofern ebenfalls nicht zwangsläufig nahelegt, dass ein Mehrbedarf des Bundes nicht mehr besteht. Es wird deutlich, dass aufgrund von Steuerreformen vorliegend keine Zweckerreichung hergeleitet werden kann. Die Wirkungen dieser Reformen beziehen sich nicht nur auf die Änderung der Steuersätze, sondern auch auf Anpassungen der Bemessungsgrundlage. Es

388 BGBl. I 1999, S. 402.
389 Nds. FG, Beschluss v. 25.11.2009, 7 K 143/08, DStR 2010, S. 854, 857f.
390 BT-Drs. 14/23, S. 2.
391 BT-Drs. 14/24, S. 125.
392 So etwa durch das Steueränderungsgesetz 2007, BGBl. I 2006, S. 1652.
393 Art. 4 des Haushaltsbegleitgesetzes v. 29.06.2006, BGBl. I 2006, S. 1402, 1403.

ist insofern nicht ersichtlich, dass der zur Erhebung des Solidaritätszuschlags angeführte Zweck der Finanzierung wiedervereinigungsbedingter Kosten durch Änderungen von Steuergesetzen entfallen bzw. anderweitig erreicht ist[394].

III. Ergebnis

Als Erhebungszweck des Solidaritätszuschlags wurden die Finanzierung des sog. „Aufbaus Ost" und die mit der Wiedervereinigung in Zusammenhang stehenden Kosten herausgearbeitet. Dieser zusätzliche Finanzbedarf lag auch zu Beginn der Erhebung, etwa in Form des Erblastentilgungsfonds, beim Bund vor und genügt insofern den Anforderungen an einen derzeitigen Mehrbedarf des Bundes. Verfassungsrechtliche Bedenken gegen den Erhebungszweck selbst und das tatsächliche Vorliegen eines finanziellen Mehrbedarfs des Bundes bei der Einführung der Ergänzungsabgabe bestehen nicht.

Dieser ursprüngliche Erhebungszweck des Solidaritätszuschlags, die Finanzierung der Wiedervereinigung, ist auch nicht zwischenzeitlich offensichtlich und evident erreicht worden. Es bestehen weiterhin finanzielle Mehrbelastungen des Bundes. Zwar legt der weitgehende Wegfall der unmittelbar mit der Wiedervereinigung in Zusammenhang stehenden Kosten bis 2020 zunächst nahe, dass ein finanzieller Mehrbedarf des Bundes nicht mehr besteht. Jedoch ist der Bund weiterhin mittelbar, etwa durch eine gesteigerte Staatsverschuldung, durch die Wiedervereinigung belastet. Auch zwischenzeitlich erfolgte Steuerreformen indizieren keine Zweckerreichung des Solidaritätszuschlags, da diese vor allem Steuern betrafen, die Bund und Ländern gemeinsam zustehen. Der Solidaritätszuschlag ist demnach zumindest in Bezug auf seinen Zweck weiterhin gerechtfertigt und verfassungskonform.

8. Ergebnis

Der Solidaritätszuschlag genügte zum Zeitpunkt seiner Einführung den verfassungsrechtlichen Anforderungen an die Erhebung einer Ergänzungsabgabe. Das Aufkommen steht dem Bund zu, der seine konkurrierende Gesetzgebung ausgeübt hat. Der Solidaritätszuschlag ist als Steuer ausgestaltet und begegnet in seiner ursprünglichen Höhe von 7,5 % der Einkommen- und Körperschaftsteuer keinen verfassungsrechtlichen Bedenken. Es lag in den Kosten der Wiedervereinigung auch ein finanzieller Mehrbedarf des Bundes vor, der als Zweck die Erhebung rechtfertigt.

---

394 I.E. auch *Hilgers/Holly*, S. 1420.

Während seiner Erhebungsdauer ist der Solidaritätszuschlag jedoch verfassungswidrig geworden. Die Erhebung einer Ergänzungsabgabe ist nach den herausgearbeiteten verfassungsrechtlichen Voraussetzungen lediglich für einen Zeitraum von fünf Jahren zulässig. Der Solidaritätszuschlag befindet sich im Veranlagungszeitraum 2018 bereits im 24. Jahr seiner Erhebung und ist mit Ablauf des Veranlagungszeitraums 1999, nach dem die Höchstdauer von fünf Jahren überschritten wurde, verfassungswidrig. Gegen den derzeitigen Tarif von 5,5 % und das fortbestehende Vorliegen eines finanziellen Mehrbedarfs des Bundes bestehen, isoliert von der Erhebungsdauer, jedoch keine verfassungsrechtlichen Bedenken. Eine Weitererhebung des Solidaritätszuschlags ohne Änderung auch über 2019 hinaus ist insofern aufgrund des Überschreitens der Höchsterhebungsdauer verfassungsrechtlich nicht zulässig.

B. Zukunft des Solidaritätszuschlags

Der Solidaritätszuschlag ist derzeit verfassungswidrig. Da die Politik jedoch grundsätzlich weiterhin einen finanziellen Mehrbedarf des Bundes annimmt, ist zu prüfen, inwiefern in der Öffentlichkeit und Literatur diskutierte Möglichkeiten der zukünftigen Behandlung des Solidaritätszuschlags verfassungsrechtlich zulässig sind. Klar ist, dass die ebenfalls geforderte, unveränderte Weitererhebung der bestehenden Ergänzungsabgabe nicht möglich ist. Als zulässig erscheinen jedoch eine Integration des Solidaritätszuschlags in die Einkommen- und Körperschaftsteuer und eine Umwidmung und damit Erhebung für einen anderen Zweck. Diese Möglichkeiten der zukünftigen Behandlung des Solidaritätszuschlags werden im Folgenden auf ihre verfassungsrechtliche Zulässigkeit überprüft.

1. Integration in Einkommen- und Körperschaftsteuer

Als eine Möglichkeit zur zukünftigen Behandlung des Solidaritätszuschlags wird die Integration dieser Steuer in den Tarif der Einkommen- und Körperschaftsteuer diskutiert. Diese Integration in die reguläre Ertragsbesteuerung hätte den Vorteil, dass die Steuerbelastung transparenter wird[395]. Zudem würde die Verschiebung des ertragsteuerlichen Aufkommens zugunsten des Bundes beendet und die Länder wieder wie grundsätzlich vorgesehen beteiligt[396].

---

395 *Wiss. Beirat EY*, S. 1314.
396 *Hilgers/Holly*, S. 1422.

Der *Wissenschaftliche Beirat Steuern der Ernst & Young GmbH* diskutiert drei mögliche Arten der Integration des Solidaritätszuschlags in den Einkommen- und Körperschaftsteuertarif[397]: Angesprochen wird zunächst die Möglichkeit, den Solidaritätszuschlag unter gleichzeitiger Absenkung des „allgemeinen" Einkommen- und Körperschaftsteuertarifs in den Tarif zu integrieren. Die zweite Variante ist die Integration mit dem bestehenden Tarif, so dass im Ergebnis das jetzige Aufkommen des Solidaritätszuschlags jeweils zur Hälfte Bund und Ländern zustehen würde. Das dritte Szenario sieht eine für den Bund aufkommensneutrale Integration vor, d.h. der Einkommen- und Körperschaftsteuertarif würde so angepasst, dass dem Bund trotz der dann erfolgenden hälftigen Teilung des zusätzlichen Aufkommens kein Steueraufkommen verloren ginge. Der Steuertarif müsste dann also, unter Vernachlässigung des Anteils der Gemeinden, um das doppelte des jetzigen Solidaritätszuschlagstarifs angehoben werden. Während der *Wissenschaftliche Beirat* diese Szenarien vor allem aus der Perspektive betrachtet, ob sie politisch wahrscheinlich sind, wird im Folgenden untersucht, ob sie verfassungsrechtlich zulässig sind. Diese Frage stellt sich vor allem in Bezug auf die Höhe des Tarifs.

I. Integration bei gleichzeitiger Senkung des Einkommen- und Körperschaftsteuertarifs

Eine Integration des Solidaritätszuschlags unter gleichzeitiger Senkung des „allgemeinen" Tarifs dieser Steuern führt im Ergebnis zu einer ersatzlosen Abschaffung dieser Ergänzungsabgabe[398]. Technisch würde also der Einkommen- und Körperschaftsteuertarif abgesenkt, um dann durch die Integration des Solidaritätszuschlags wieder auf das vorherige Niveau angehoben zu werden. Dies führt zum Wegfall des Aufkommens der Ergänzungsabgabe beim Bund. Das Aufkommen der Einkommen- und Körperschaftsteuer bleibt im Ergebnis gleich und auch die Aufteilung zwischen Bund und Ländern ändert sich nicht. Insofern stellt sich zwar die Frage, welchen Sinn eine solche Maßnahme ergeben soll. Da allerdings der Einkommen- und Körperschaftsteuertarif, an deren Höhe es soweit ersichtlich derzeit keine verfassungsrechtlichen Zweifel gibt, gleich bleibt, wäre ein solches Vorgehen zulässig.

397 *Wiss. Beirat EY*, S. 1314.
398 *Wiss. Beirat EY*, S. 1314.

II. Für den Steuerpflichtigen neutrale Integration

Die Integration mit dem jetzigen Tarif in Höhe von 5,5 % der Einkommen- und Körperschaftsteuerschuld wäre für den Steuerpflichtigen neutral. Der Tarif würde so angepasst, dass die 5,5 %, die der Steuerpflichtige sonst separat abzuführen hätte, direkt in den Tarif eingefügt würde. Für den Spitzensteuersatz in Höhe von 45 % bedeutet dies eine Erhöhung auf 47,475 %. Für den Bund würde eine solche Integration dazu führen, dass ihm nicht mehr das vollständige Aufkommen des Solidaritätszuschlags zusteht, sondern er die zusätzlichen Steuereinnahmen aus der Tariferhöhung hälftig mit den Ländern teilen müsste[399]. Trotz der wirtschaftlichen Neutralität für den Steuerpflichtigen handelt es sich dennoch um eine rechtliche Erhöhung der Einkommen- und Körperschaftsteuer. Verfassungsrechtliche Bedenken bestehen hierbei jedoch nicht: Dem Gesetzgeber steht bei der Wahl des Einkommen- und Körperschaftsteuertarifs grundsätzlich ein weiter Einschätzungsspielraum zur Verfügung[400], der bei einer Erhöhung, die beim höchsten Steuersatz lediglich 2,475 %-Punkte beträgt und im Ergebnis zu einem Steuersatz führt, der immer noch deutlich unter 50 % liegt, nicht überschritten ist.

III. Für den Bund aufkommensneutrale Integration

Bei diesem Szenario würde der Tarif so angepasst, dass der Bund auch unter Berücksichtigung der hälftigen Teilung von Einkommen- und Körperschaftsteuer weiterhin über Steuereinnahmen in Höhe des Aufkommens des Solidaritätszuschlags verfügen könnte. Den Ländern stünden dabei Mehreinnahmen in derselben Höhe zur Verfügung. Um dieses Ergebnis zu erreichen, müsste der Einkommen- und Körperschaftsteuertarif um das doppelte des Solidaritätszuschlags erhöht werden, also um 11 %. Für den Spitzensteuersatz bedeutet dies eine Erhöhung um 4,95 %-Punkte auf 49,95 %. Damit wäre die Privatnützigkeit des Einkommens weiterhin gewährleistet[401]. Verfassungsrechtliche Bedenken gegen diese Höhe bestehen nicht.

IV. Ergebnis

Nach Aussagen der Politik kann der Bund derzeit nicht auf das Aufkommen aus dem Solidaritätszuschlag verzichten, weshalb teilweise Möglichkeiten zur

399 Der Anteil der Gemeinden wird vorliegend vernachlässigt.

400 BVerfG, Urteil v. 27.06.1991, 2 BvR 1493, DStR 1991, S. 971, 974.

401 *Wagner*, in: Blümich, EStG, § 32a Rn. 37.

Integration dieser Ergänzungsabgabe in die Einkommen- und Körperschaftsteuer diskutiert werden. Diese Integration ginge einher mit der verfassungsrechtlich gebotenen Abschaffung dieser Ergänzungsabgabe. Die hier behandelten Vorschläge einer Integration bei gleichzeitiger Senkung der Einkommen- und Körperschaftsteuer, einer für den Steuerpflichtigen neutralen Integration und einer für den Bund aufkommensneutralen Integration führen, jeweils gemessen am Spitzensteuersatz, zu verfassungskonformen Ergebnissen.

2. Umwidmung

In der Fachliteratur und der Presse werden regelmäßig Zwecke diskutiert, die für die Erhebung einer Ergänzungsabgabe bzw. zur Fortführung des Solidaritätszuschlags angeführt werden könnten. Zu den diskutierten Zwecken[402] zählen z.B. die Forderung nach einer Erhöhung des Solidaritätszuschlags für ein Transferprogramm für Griechenland[403], die Umwidmung in einen „Integrationssoli" bzw. „Flüchtlingssoli"[404], in einen „Bildungssoli"[405] oder einen „Infrastruktursoli"[406]. In Anlehnung an den Beschluss des Bundesverfassungsgerichts[407] spricht der *Wissenschaftliche Beirat Steuern der Ernst & Young GmbH* beispielsweise die Möglichkeit einer Ergänzungsabgabe zur Finanzierung einer Reform der Bundeswehr an[408].

In der Literatur wird für eine solche Neubegründung der Erhebung der Begriff der Umwidmung verwendet[409]. Ungeklärt ist hingegen, in welcher Form

402 Es ist darauf zu achten, dass einige vorgeschlagene, allerdings hier nicht weiter zu vertiefende, Maßnahmen zwar in Anlehnung an den Solidaritätszuschlag als -soli bezeichnet werden, aber nicht in Form der Ergänzungsabgabe erhoben werden sollen. So ist der von der SPD im Bundestagswahlkampf 2009 geforderte „Bildungssoli" eine Erhöhung des Spitzensteuersatzes, Focus v. 09.03.2009, Bildungssoli.

403 *Fuest*, FAZ v. 16.07.2015.

404 Die Forderung wurde von Bodo Ramelow, Ministerpräsident des Landes Thüringen, aufgestellt, FAZ v. 27.11.2015.

405 Forderung von Reinhard Bütikofer, zu diesem Zeitpunkt Vorsitzender von Bündnis 90/Die Grünen, Spiegel v. 13.06.2008. Die Forderung beinhaltete die Umwidmung des Solidaritätszuschlags und war insofern, im Gegensatz zum SPD-Konzept eines „Bildungssolis", als Ergänzungsabgabe intendiert.

406 Reiner Haseloff (CDU), Ministerpräsident des Landes Sachsen-Anhalt, im Rahmen der Koalitionsverhandlungen nach der Bundestagswahl 2013, Focus v. 14.10.2013, Infrastruktur-Soli.

407 BVerfG, Beschluss v. 09.02.1972, BVerfGE 32, S. 333, 342, nennt als mögliche Finanzierungszwecke den Aufbau der Bundeswehr oder den Ausbau des Bildungswesens.

408 *Wiss. Beirat EY*, S. 1313.

409 *Wiss. Beirat EY*, S. 1313.

und für welche Zwecke eine solche Umwidmung zulässig wäre[410]. Im Folgenden wird deshalb zunächst untersucht, wie eine Umwidmung vorzunehmen ist. Daraufhin werden die in den Medien diskutierten Zwecke auf ihre verfassungsrechtliche Zulässigkeit geprüft. Angesprochen wird auch, ob durch Änderungen des SolZG eine solche Umwidmung bereits stattgefunden hat. Dabei wird stets von einem neuen Erhebungszweck ausgegangen, da die Fortführung oder Neuerhebung für denselben Zweck nicht zulässig ist[411].

I. Form der Umwidmung

Zunächst stellt sich die Frage, in welcher Form eine Umwidmung zu erfolgen hätte. Denkbar sind dabei die Fortführung eines bestehenden Ergänzungsabgabegesetzes oder die Verabschiedung eines neuen Gesetzes sowie eine „implizite" Umwidmung durch stillschweigende Fortführung.

a) Stillschweigende Fortführung

Das Bundesverfassungsgericht nimmt an, dass die Fortführung einer bestehenden Ergänzungsabgabe dann gerechtfertigt ist, wenn auch die erneute Einführung einer Ergänzungsabgabe gerechtfertigt ist[412]. Dies ist aus der Sicht des Bundesverfassungsgerichts konsequent, da es auch das Erfordernis des Benennens eines konkreten Erhebungsgrunds verneint und die Ergänzungsabgabe somit für einen allgemeinen finanziellen Mehrbedarf des Bundes erhoben wird. Dadurch, dass der Gesetzgeber insofern von vornherein nicht verpflichtet sein soll anzugeben, weshalb ein Mehrbedarf des Bundes besteht, kann die Umwidmung schlicht durch eine Fortführung des bestehenden Gesetzes umgesetzt werden. Der Gesetzgeber erkennt dann implizit einen anderen Grund für den Mehrbedarf des Bundes und erhebt die Ergänzungsabgabe weiter[413].

Diese Wertung widerspricht allerdings der hier vertretenen Auffassung, dass der Gesetzgeber zwar nicht im Gesetz selbst, jedoch zumindest in der Gesetzesbegründung darlegen muss, aus welchen fiskalischen Vorgängen ein solcher Mehrbedarf resultiert[414]. Dann reicht allerdings bereits aufgrund dieser

---

410 *Wiss. Beirat EY*, S. 1313; die Möglichkeit einer Umwidmung verneinend *Schulemann*, S 9; *Bartone*, Ergänzungsabgabe, S. 758.

411 Siehe 3. Kapitel, J., 1.

412 BVerfG, Beschluss v. 09.02.1972, BVerfGE 32, S. 333, 342f.

413 Auch *Kanzler* kommt aufgrund der bisherigen Rechtsprechung von BFH und BVerfG zu diesem Ergebnis, siehe *Kanzler*, Permanenter Solidaritätszuschlag, S. 902.

414 I.E. (wohl) auch *Wiss. Beirat EY*, S. 1313.

Manifestierung des gesetzgeberischen Willens die bloße stillschweigende Fortführung nicht aus[415]. Die Weitererhebung mit einem anderen Zweck als dem in der Gesetzesbegründung angeführten widerspräche dem „Befassungsvorrecht des Bundestages“[416] und der „demokratische[n] Entscheidungstransparenz“[417] und würde dazu führen, dass die Erhebung in Bezug auf ihren Zweck nicht mehr gerichtlich überprüfbar wäre. Eine stillschweigende Weitererhebung des Solidaritätszuschlags mit einem anderen fiskalischen Zweck ist deshalb nicht verfassungskonform[418].

b) Explizite Umwidmung

(i) Änderung des bestehenden Gesetzes

Die Umwidmung muss demnach explizit geschehen. Hierbei ist zunächst an eine Änderung des bestehenden Solidaritätszuschlagsgesetzes zu denken, da nur die Fortführung einer Ergänzungsabgabe mit einem neuen Zweck tatsächlich eine Umwidmung darstellt. Am einfachsten wäre hierbei die Änderung einer Festlegung eines Erhebungsgrundes im Gesetzestext durch Änderung des Gesetzes. Eine solche Festlegung ist indes nicht notwendig[419] und liegt beim Solidaritätszuschlagsgesetz auch nicht vor.

Bei Vorliegen eines neuen Erhebungszwecks sind jedoch ggf. ohnehin Änderungen des Gesetzes notwendig, wie z.B. eine Anpassung des Tarifs an den neuen Finanzbedarf. Im Zuge des Gesetzgebungsverfahrens könnten diese Änderungen unter Bezugnahme auf einen neuen Erhebungszweck begründet werden. Wie gezeigt reicht eine Nennung der Gründe für einen Mehrbedarf des Bundes in der Gesetzesbegründung aus. Diese Wertung muss dann konsequenterweise auch für die Änderung des Gesetzes gelten.

Die Änderung eines bestehenden Gesetzes gewährleistet die Beteiligung des Bundestages im Gesetzgebungsverfahren und die gerichtliche Überprüfbarkeit. Die Umwidmung durch Änderung des Gesetzes, entweder durch Änderung einer Festlegung im Gesetzestext oder durch Nennung des neuen Erhebungszwecks in einem anderweitigen Änderungsgesetz, begegnet deshalb keinen verfassungsrechtlichen Bedenken.

---

415 *Wiss. Beirat EY*, S. 1313; *Selmer/Hummel*, S. 380f. DStR

416 *Hidien/Tehler*, Vorlagebeschluss, S. 462.

417 *Selmer/Hummel*, S. 381.

418 I.E. auch Nds. FG, Beschluss v. 25.11.2009, 7 K 143/08, DStR 2010, S. 854, 858.

419 Siehe 3. Kapitel, I., 4., I.

(ii) Neuerlass

Die eindeutigste Art einer Umwidmung wäre die Verabschiedung eines neuen Gesetzes. Dies ist, soweit ersichtlich, auch die einzige wirklich diskutierte Variante[420]. Strenggenommen würde es sich hierbei nicht um eine Umwidmung handeln, da die bestehende Ergänzungsabgabe nicht fortgeführt wird, sondern, ggf. inhaltlich gleich gestaltet[421], neu eingeführt wird. Eine solche Neueinführung begegnet zudem nicht den Bedenken wie die implizite Umwidmung durch stillschweigendes Fortführen, da in diesem Fall wieder ein reguläres Gesetzgebungsverfahren durchgeführt werden müsste. Bei diesem würde sich der Bundestag mit den Gründen für die Neueinführung, insbesondere mit einem geltend gemachten zusätzlichen Finanzbedarf, auseinandersetzen und dieser neue Zweck würde in der Gesetzesbegründung festgehalten. Dadurch ist auch die gerichtliche Überprüfbarkeit sichergestellt. Eine „Fortführung" durch Neuerlass ist unter den anderen herausgearbeiteten Kriterien deshalb verfassungsrechtlich zulässig.

c) Ergebnis

Die Umwidmung einer Ergänzungsabgabe kann aufgrund des Zweckerfordernisses nicht stillschweigend durch Weitererhebung erfolgen. Sie muss zur gerichtlichen Überprüfbarkeit und aufgrund der erforderlichen Beteiligung des Bundestages explizit erfolgen. Dabei kann der Gesetzgeber entweder eine Festlegung im Gesetzestext ändern oder in einer Begründung zu einem Änderungsgesetz einen neuen Zweck angeben. Möglich ist zudem der Erlass eines neuen Gesetzes. Hierbei handelt es sich jedoch strenggenommen nicht um eine Umwidmung, denn eine solche kann sinnlogisch nur bei Änderung eines bestehenden Ergänzungsabgabegesetzes vorliegen.

II. Bisher erfolgte Änderungen des SolZG

Das SolZG unterlag seit seiner Einführung einer Vielzahl von Änderungen. Insofern ist zu prüfen, ob eine dieser Änderungen eine Umwidmung bewirken sollte.

---

420 Eine solche Vorgehensweise fordern *Selmer/Hummel*, S. 381; *Hidien/Tehler*, Vorlagebeschluss, S. 461. Der *Wiss. Beirat EY*, S. 1313 gesteht *Selmer/Hummel* zumindest gute Argumente zu und tendiert insofern wohl ebenfalls zum Erfordernis eines neuen Gesetzes. *Kanzler*, Permanenter Solidaritätszuschlag, S. 902 sieht aufgrund der bisherigen Rechtsprechung von BFH und BVerfG wohl kein solches Erfordernis.

421 *Selmer/Hummel*, S. 381 vertreten ebenfalls die Auffassung, dass eine inhaltliche Neukonzeption nicht notwendig ist.

Wie dargelegt, müsste sich eine solche Umwidmung aus den Gesetzgebungsmaterialien explizit ergeben. Dies ist bei allen erfolgten Änderungen jedoch zu verneinen[422]. Die meisten Änderungen bezogen sich auf Anpassungen an Reformen in anderen Steuergesetzen und betreffen insofern die verfassungsrechtlichen Erhebungsvoraussetzungen von vornherein nicht. Einen Bezug zu den herausgearbeiteten Kriterien weist lediglich die Absenkung des Tarifs von 7,5 % auf 5,5 % auf[423]. Als Reaktion auf die Ablehnung des Steuerreformgesetzes 1998 durch den Bundesrat, in dem die o.g. Absenkung zunächst integriert war, wurde das nicht zustimmungspflichtige Gesetz zur Senkung des Solidaritätszuschlags verabschiedet. Um zu prüfen, ob mit dieser Änderung auch eine Umwidmung erfolgen sollte, wird deshalb auf das Gesetzgebungsverfahren zum Steuerreformgesetz 1998 zurückgegriffen. Dabei ist zunächst festzustellen, dass die geplante Steuerreform eine allgemeine Reduzierung der Steuerlast zur Ankurbelung der Konjunktur intendierte[424]. Eine Zweckänderung in Form einer Umwidmung liegt jedoch gerade nicht vor. So wurde darauf hingewiesen, dass die Absenkung des Tarifs Aussagen widerspräche, die einen weiteren finanziellen Bedarf für den „Aufbau Ost" über mehrere Jahre behaupteten[425]. Der Solidaritätszuschlag sollte demnach trotz Absenkung weiterhin für diesen Zweck erhoben werden. Eine wirksame Umwidmung hat nicht stattgefunden[426].

III. Diskutierte Umwidmungszwecke

Bei den oben bereits angesprochenen Vorschlägen zur Rechtfertigung einer Umwidmung des Solidaritätszuschlags handelt es sich größtenteils um politische Forderungen. Es mangelt insofern an konkreten Gesetzesvorschlägen, anhand derer die Verfassungsmäßigkeit des neuen Erhebungszwecks geprüft werden

---

422 Eine Auflistung der wichtigsten Änderungen findet sich bei *Wagner*, in: Herrmann/Heuer/Raupach, EStG, Anhang zu § 51a Rn. 2.

423 BGBl. I 1997, S. 2743. Die Absenkung des Solidaritätszuschlags war zunächst im Rahmen des Steuerreformgesetzes 1998 geplant, welches jedoch durch den Bundesrat abgelehnt wurde. Dort war die Absenkung als Teil allgemeiner steuerlicher Entlastung zur Konjunkturankurbelung gedacht.

424 BT-Drs. 13/7775, S. 11.

425 Plenarprotokoll der 184. Sitzung des Bundestages, 26.06.1997, S. 16531 (D).

426 Der BFH verneint eine, nach hier vertretener Auffassung nicht zulässige, implizite Umwidmung mit der Begründung, der aus der Wiedervereinigung resultierende Finanzbedarf bestehe fort, Urteil v. 21.07.2011, II R 52/10, BStBl. II 2012, S. 43, 47. Die Tatsache, dass der BFH auf eine explizite Umwidmung nicht eingeht, legt insofern ebenfalls nahe, dass eine solche zumindest bis 2011 nicht stattgefunden hat.

könnte. Auf Basis der zur Verfügung stehenden Informationen soll im Folgenden dennoch eine kurze Einschätzung dahingehend gegeben werden, ob die angesprochenen Umwidmungszwecke verfassungsrechtlich zulässig sein könnten. Wenn möglich, wird auch auf andere verfassungsrechtlich relevante Aspekte eingegangen, etwa die intendierte Höhe der Ergänzungsabgabe.

a) „Griechenlandsoli"

Clemens Fuest kam in einem Beitrag in der FAZ 2015[427] zu dem Ergebnis, dass Griechenland überschuldet sei und zukünftige Finanzhilfen für den EU-Mitgliedsstaat keine Kredite, sondern Transfers sein werden[428]. Er schlug deshalb vor, den Solidaritätszuschlag für drei Jahre von 5,5 % auf 8 % zu erhöhen oder die Staatsausgaben zu senken. Technisch würde diese Erhöhung wohl durch eine Änderung des Solidaritätszuschlagsgesetzes vorgenommen. Diese Änderung stellt über das Gesetzgebungsverfahren die Beteiligung des Bundestages sicher. In einer dann ebenfalls zu erstellenden Gesetzesbegründung müsste der neue Erhebungszweck benannt werden. Die Erhebungsdauer von drei Jahren (hier bietet sich gesetzgebungstechnisch eine explizite Befristung an) ist aus verfassungsrechtlicher Hinsicht wie gezeigt zulässig, ebenso die Höhe von 8 % der Einkommen- und Körperschaftsteuerschuld. Zweck der Erhebung wären finanzielle Hilfeleistungen an Griechenland. Solche Hilfeleistungen würden ausschließlich vom Bund zu leisten sein und insofern auch nur dessen Haushalt belasten. Es handelt sich demnach um einen Mehrbedarf allein des Bundes. Dabei kommt es nicht darauf an, ob die Zahlungen lediglich aufgrund politischer Erwägungen oder aufgrund rechtlicher Verpflichtungen getätigt werden. Ausreichend ist, dass ein konkret benannter Zweck tatsächlich vorliegt. Ein Griechenlandsoli in der beschriebenen Form wäre demnach verfassungsrechtlich zulässig.

b) „Flüchtlingssoli"

Ein Flüchtlings- oder Integrationssoli wurde von *Bodo Ramelow*[429] im Zuge der „Flüchtlingskrise" 2015 ins Gespräch gebracht[430]. Eine mögliche konkrete Ausgestaltung wird nicht dargelegt, weshalb davon ausgegangen wird, dass der Solidaritätszuschlag in seiner jetzigen Form weiter erhoben und lediglich mit einem

427 Der Beitrag erschien in seiner Funktion als Präsident des Zentrums für Europäische Wirtschaftsforschung.

428 *Fuest,* FAZ vom 16.07.2015.

429 Ministerpräsident des Landes Thüringen.

430 FAZ v. 27.11.2015.

anderen Zweck verwendet werden soll. *Ramelow* fordert, dass den Bundesländern das Aufkommen dieser Ergänzungsabgabe zur Finanzierung der Kosten der „Flüchtlingskrise" zur Verfügung gestellt werden soll. Dabei solle die Aufteilung des Aufkommens am sogenannten Königsteiner Schlüssel[431] orientiert sein. Insofern wird bereits deutlich, dass ein Mehrbedarf nicht allein beim Bund besteht. Die „Flüchtlingskrise" belastet sowohl den Bund als auch die Länder. Unabhängig von Höhe oder Erhebungsdauer einer Ergänzungsabgabe wäre ein solcher Flüchtlingssoli verfassungsrechtlich demnach nicht zulässig. Stattdessen sollen vornehmlich die den Ländern zufallenden Kosten durch einen solchen Soli finanziert werden. Die ausschließliche Ertragskompetenz des Bundes führt hier zu einem Kostgängerwesen zu Lasten der Länder, die zur Finanzierung der „Flüchtlingskrise" auf Finanzhilfen des Bundes angewiesen wären. Eine überproportionale Betroffenheit des Bundes durch die Ausgabensteigerung liegt insofern gerade nicht vor, wenn das Aufkommen hauptsächlich an die Länder verteilt werden soll. Die Erhebung einer Ergänzungsabgabe zur Verteilung an die Länder ist nicht zulässig[432].

c) „Bildungssoli"

Die Forderung von *Reinhard Bütikofer*[433] zur Erhebung eines Bildungssolis ist ebenfalls nicht sehr konkret formuliert. Er fordert die Beibehaltung des Solidaritätszuschlags über 2020 hinaus und bereits „heute" (2008) die Verwendung eines Teils des Aufkommens für die Bildung[434]. Von gesetzgeberischen Änderungen am SolZG ist demnach nicht auszugehen. Die Finanzierung von Bildung ist jedenfalls kein geeigneter Rechtfertigungszweck für die Erhebung einer Ergänzungsabgabe. So ist das Recht der Schulen und Universitäten Ländersache[435]. Es handelt sich demnach nicht um einen Mehrbedarf, der vornehmlich beim Bund entsteht. Die Erhebung eines Bildungssolis ist deshalb verfassungsrechtlich nicht zulässig[436].

---

431 Der Königsteiner Schlüssel ist gemäß § 45 Satz 2 AsylG Grundlage zur Berechnung der Aufnahmequote der Länder.

432 Konkret für Umwidmungen des Solidaritätszuschlags *Wiss. Beirat EY*, S. 1313; allgemein zur Ergänzungsabgabe *Klein*, S. 1746.

433 Zu diesem Zeitpunkt Vorsitzender von Bündnis 90/Die Grünen.

434 Spiegel v. 13.06.2008.

435 *Seiler*, in: Epping/Hillgruber, Art. 70 Rn. 25.1.

436 I.E. auch *Wiss. Beirat EY*, S. 1313.

d) „Infrastruktursoli"

Im Rahmen der Koalitionsverhandlungen nach der Bundestagswahl 2013 brachte *Reiner Haseloff*[437] einen Infrastruktursoli ins Gespräch[438]. Der Vorschlag beinhaltet die Umwandlung des Solidaritätszuschlags in eine zweckgebundene Abgabe und die Verwendung des Aufkommens für die „Infrastruktur in Ost und West". *Haseloff* begründet seine Idee mit dem „verheerenden" Zustand vieler Straßen und Brücken. Außerdem könne das Aufkommen zur Vorsorge für Naturkatastrophen verwendet werden. Die Formulierung „zweckgebundene Abgabe"[439] spricht zunächst für eine Zweckbindung des Aufkommens. Der Solidaritätszuschlag würde demnach in eine Zwecksteuer umgewandelt. Die Ausgestaltung als Zwecksteuer ist für die Ergänzungsabgabe nicht erforderlich, aber grundsätzlich möglich[440] und erscheint insofern verfassungsrechtlich unbedenklich. Allerdings handelt es sich bei der Sanierung von Straßen und Brücken nicht um eine vornehmliche Aufgabe des Bundes. Das Straßenrecht ist vielmehr, abgesehen von den Bundesfernstraßen (Art. 74 Abs. 1 Nr. 22 GG), grundsätzlich Ländersache[441]. Insofern bestünde bei der Sanierung der Infrastruktur, wie sie *Haseloff* vorschlägt, eher kein Mehrbedarf, der vor allem den Bund betrifft. Ebenso verhält es sich mit der Vorsorge für Naturkatastrophen, die ebenfalls in erster Linie Ländersache ist[442]. Die Erhebung eines „Infrastruktursolis" erscheint insofern auf Basis der zur Verfügung stehenden Informationen verfassungsrechtlich nicht zulässig[443].

e) „Bundeswehrreformzuschlag"

Einen „Bundeswehrreformzuschlag" bringt der *Wissenschaftliche Beirat Steuern der Ernst & Young GmbH* in Anlehnung an ein obiter dictum des Bundesverfassungsgerichts, nach dem der Aufbau der Bundeswehr ein möglicher Erhebungszweck für die Ergänzungsabgabe sein kann[444], ins Gespräch[445]. Eine

---

437 Ministerpräsident des Landes Sachsen-Anhalt.

438 Focus v. 14.10.2013, Infrastruktursoli.

439 Focus v. 14.10.2013, Infrastruktursoli.

440 Die Zweckbindung des Aufkommens von Steuern ist nach bundesverfassungsgerichtlicher Rechtsprechung zulässig, s. BVerfG, Urteil v. 20.04.2004, 1 BvR 1748/99, 905/00, BVerfGE 110, S. 274, s. auch die Besprechung des Urteils von *Selmer*, Ökologische Steuerreform, S. 813ff.

441 *Uhle*, in: Maunz/Dürig, Art. 70 Rn. 122.

442 *Maunz*, in: Maunz/Dürig, Art. 35 Rn. 15.

443 I.E. auch *Wiss. Beirat EY*, S. 1313.

444 BVerfG, Beschluss v. 09.02.1972, 1 BvL 16/69, BVerfGE 32, S. 333, 342.

445 *Wiss. Beirat EY*, S. 1313.

weitergehende Spezifizierung findet lediglich dahingehend statt, dass eine solche Abgabe „zur Finanzierung des Umbaus der Bundeswehr“[446] dienen könnte. Dem Bund ist gemäß Art. 73 Abs. 1 Nr. 1, 2. Var. GG die ausschließliche Gesetzgebung über die Verteidigung zugewiesen. Dies beinhaltet das Aufstellen, den Unterhalt sowie den Einsatz von Streitkräften[447]. Ein Umbau der Bundeswehr betrifft das Aufstellen und den Unterhalt von Streitkräften und fällt demnach unter die ausschließliche Gesetzgebungskompetenz des Bundes. Ein solches Reformprojekt verursacht demnach einen Mehrbedarf ausschließlich des Bundes und ist insofern ein geeigneter Zweck zur Erhebung einer Ergänzungsabgabe.

IV. Fazit

Die Untersuchung hat gezeigt, dass die stillschweigende Weitererhebung einer Ergänzungsabgabe für einen anderen Zweck dem Befassungsvorrecht des Bundestages widerspräche und insofern unzulässig ist. Möglich ist hingegen die Umwidmung einer bestehenden Ergänzungsabgabe durch Änderung des Gesetzes unter Nennung eines neuen Erhebungszwecks in der Gesetzesbegründung und durch Erlass eines neuen, auch inhaltlich deckungsgleichen Gesetzes.

Zur Beurteilung der vornehmlich in den Medien diskutierten Umwidmungsvorschläge wurden in Ermangelung konkreter Gesetzesvorhaben in erster Linie die intendierten Zwecke untersucht. Die Vorschläge eines Bildungssolis, Flüchtlingssolis und Infrastruktursolis sind verfassungsrechtlich unzulässig, da solche Reformprojekte einen finanziellen Mehrbedarf vor allem bei den Ländern entstehen lassen würden. Ein Bundeswehrreformzuschlag oder ein Griechenlandsoli dient hingegen der Finanzierung von Vorhaben, die einen Mehrbedarf allein beim Bund entstehen lassen und sind demnach, vorbehaltlich anderer Kriterien wie der Erhebungshöhe und -dauer, verfassungsrechtlich zulässig.

3. Geplante Teilabschaffung ab 2021

Die sog. „Große Koalition“, bestehend aus CDU, CSU und SPD, hat in ihrem Koalitionsvertrag für die 19. Legislaturperiode eine breite finanzielle Entlastung insbesondere für kleinere und mittlere Einkommen vereinbart[448]. Im Zuge dessen soll der Solidaritätszuschlag durch Einführung einer Freigrenze für 90 % der jetzigen Solidaritätszuschlagspflichtigen abgeschafft werden[449]. Diese

446 *Wiss. Beirat EY*, S. 1313.
447 *Seiler*, in: Epping/Hillgruber, Art. 73 Rn. 3.
448 CDU/CSU/SPD, S. 12.
449 CDU/CSU/SPD, S. 12f.

Teilabschaffung mit einem Umfang von zehn Milliarden Euro soll 2021 vorgenommen werden[450]. Langfristig ist die vollständige Abschaffung geplant[451]. Die Abschaffung soll offenbar nur die Erhebung als Zuschlagsteuer bei der Einkommensteuer betreffen. Als Zuschlagsteuer auf die Körperschaftsteuer soll der Solidaritätszuschlag weiterhin wie bisher erhoben werden[452].

Eine abschließende Beurteilung der Verfassungsmäßigkeit dieser Teilabschaffung ist aufgrund dessen, dass die Pläne noch relativ allgemein gehalten sind, nicht möglich und könnte erst auf Basis eines Gesetzesentwurfs vorgenommen werden. Im Folgenden wird dennoch auf Grundlage der zur Verfügung stehenden Informationen eine erste Einordnung in Bezug auf die herausgearbeiteten Kriterien vorgenommen. Weitergehende verfassungsrechtliche Probleme[453] werden nicht behandelt.

Dem Bund steht die konkurrierende Gesetzgebung über die Ergänzungsabgabe zu und ein Gesetz zur Erhebung ist nicht zustimmungspflichtig. Insofern kann die bloße Tatsache, dass die Beibehaltung des Solidaritätszuschlags nur für höhere Einkommen aus Sicht des Steuerpflichtigen wirtschaftlich zu einer Verschärfung des progressiven Tarifs der Einkommensteuer führt, nicht als Umgehung der Zustimmungspflicht bei einer Änderung der Einkommensteuer angeführt werden[454]. Die Ergänzungsabgabe war explizit als kompetenziell selbständige Steuer in das Grundgesetz eingeführt worden. Der Bund sollte gerade unabhängig von den Ländern und von der Einkommensteuer eine zusätzliche Besteuerung des Einkommens einführen können. Dann kann es aber nicht per se zu einem Verstoß gegen die Zustimmungspflicht führen, wenn der Bundesgesetzgeber von diesem Instrument Gebrauch macht. Hierfür spricht auch, dass die Gefahr eines Aushöhlens der Ertragshoheiten geringer ist, wenn die Ergänzungsabgabe nur von einem kleinen Teil der Einkommensteuerpflichtigen

---

450 CDU/CSU/SPD, S. 53f; Berechnungen zufolge würde der Solidaritätszuschlag dann erst ab einem Jahreseinkommen von 61.000 Euro erhoben, mit einer Gleitzone zwischen 61.000 Euro und 76.000 Euro, siehe *Kube,* Koalitionsvertragliche Aussagen, S. 1f.

451 CDU/CSU/SPD, S. 53.

452 *Haas/Wünnemann,* S. 383; *Kube,* Koalitionsvertragliche Aussagen, S. 2.

453 Etwa die Frage, ob die Belastung lediglich einer relativ kleinen Gruppe mit einer Steuer vom Einkommen dem Gleichheitssatz genügt oder ob es im Sinne der Rechtsformneutralität möglich ist, die Erhebung als Zuschlagsteuer von der Körperschaftsteuer von der Teilabschaffung auszuschließen.

454 So aber *Wernsmann,* S. 918.

erhoben wird. Zudem ist die Berücksichtigung sozialpolitischer Erwägungen bei der Erhebung einer Ergänzungsabgabe möglich.

Anders zu beurteilen wäre es, wenn die Teilabschaffung lediglich dem Zweck einer Verschärfung der Progression diente[455]. Dann würde es allerdings bereits an einem erforderlichen Erhebungszweck, an einem konkreten finanziellen Mehrbedarf des Bundes fehlen, mit der Folge, dass die Weitererhebung des Solidaritätszuschlags ohnehin sachlich nicht mehr gerechtfertigt wäre. In diesem Zusammenhang stellt sich also auch die Frage, ob der Zweck der Finanzierung der Deutschen Einheit aus Sicht des Gesetzgebers zwischenzeitlich erreicht wurde. Hier kommt es zur Beurteilung indes auf einen konkreten Gesetzesentwurf an. Die Erhebung einer Ergänzungsabgabe für einen vorliegenden finanziellen Mehrbedarf nur ab einem relativ hohen Einkommen widerspricht jedenfalls nicht den Motiven des Verfassunggebers[456]. So verringert die Belastung nur eines kleinen Teils der Bevölkerung etwa die aushöhlende Wirkung der Ergänzungsabgabe.

Eine Teilabschaffung des Solidaritätszuschlags verstößt per se nicht gegen die herausgearbeiteten (finanz-)verfassungsrechtlichen Erhebungsvoraussetzungen einer Ergänzungsabgabe. Bei einer abschließenden Prüfung auf Basis eines konkreten Gesetzesentwurfs stellt sich jedoch insbesondere die Frage nach der sachlichen Rechtfertigung des Solidaritätszuschlags in Form eines konkreten Finanzbedarfs des Bundes.

455 *Kube*, Koalitionsvertragliche Aussagen, S. 7.
456 A.A. *Kube*, Koalitionsvertragliche Aussagen, S. 7.

5. Kapitel: Ergebnis und Zusammenfassung

A. Ergebnis

Die Untersuchung hat zum Ergebnis, dass der Solidaritätszuschlag aufgrund des Überschreitens der verfassungsrechtlichen Höchsterhebungsdauer von Ergänzungsabgaben seit dem Ablauf des Veranlagungszeitraums 1999 verfassungswidrig ist. Der Solidaritätszuschlag unterliegt als Ergänzungsabgabe den herausgearbeiteten verfassungsrechtlichen Erhebungsvoraussetzungen dieser Abgabe. Diese Erhebungsvoraussetzungen folgen aus einer historischen und systematischen Einordnung der Ergänzungsabgabe, die ergab, dass diese ein Ausnahmeinstrument ist, dessen Sinn und Zweck die flexible Einnahmengestaltung des Bundes ist und das insofern der Verhinderung eines Kostgängerwesens dient. Gleichwohl verdeutlicht die Einordnung als Steuer den selbständigen Charakter der Ergänzungsabgabe. Bei der Auslegung der Ergänzungsabgabe wurde insbesondere herausgearbeitet, dass diese einer tariflichen Begrenzung auf 10 % der Einkommen- und Körperschaftsteuer und einer Höchsterhebungsdauer von fünf Jahren unterliegt sowie einen konkreten Finanzierungszweck vornehmlich des Bundes erfordert. Diesen Kriterien wurde der Solidaritätszuschlag bei seiner Einführung gerecht. Durch Zeitablauf ist er jedoch zwischenzeitlich verfassungswidrig geworden. Die übrigen Erhebungsvoraussetzungen liegen weiterhin vor.

B. Zusammenfassung

Die mittlerweile 24 Jahre andauernde Erhebung des Solidaritätszuschlags und der weitgehende Wegfall unmittelbar mit der Wiedervereinigung in Zusammenhang stehender Kosten bilden den Anlass einer verfassungsrechtlichen Überprüfung dieser Steuer. Der Solidaritätszuschlag ist verfassungsrechtlich als Ergänzungsabgabe einzuordnen, so dass zunächst eine umfassende Erörterung der spezifisch finanzverfassungsrechtlichen Voraussetzungen zur Erhebung einer solchen Abgabe erforderlich war. Dabei wurden zum einen Erhebungsvoraussetzungen diskutiert, die zwar prinzipiell für alle Steuern gelten, in Bezug auf die Ergänzungsabgabe in der Literatur und Rechtsprechung jedoch Zweifelsfragen aufwerfen. Zum anderen wurde den drei Kernthesen nachgegangen, dass die Ergänzungsabgabe, anders als andere Steuerarten, verfassungsimmanenten Begrenzungen in Bezug auf Höhe und Dauer der Abgabe unterliegt und ihre Erhebung einen Erhebungszweck erfordert.

Bei der Auslegung des Art. 106 Abs. 1 Nr. 6 GG ist vor allem auf den historischen Kontext der Einführung und auf die Systematik der Finanzverfassung abzustellen, weshalb zuvörderst die 1955 erfolgte Einfügung der Ergänzungsabgabe in das Grundgesetz im Lichte der besonderen Problematik des Finanzausgleichs im Bundesstaat erörtert wurde. Anhand dieser historischen Einordnung wurde hergeleitet, dass die Ergänzungsabgabe grundsätzlich vier Ziele verfolgte, die als Auslegungsmaßstab für konkrete verfassungsrechtliche Erhebungsvoraussetzungen herangezogen wurden. Allgemein sollte die Finanzreform die finanzielle (und damit auch politische) Abhängigkeit des Bundes von den Ländern beenden. In diesem Kontext muss demnach auch die Ergänzungsabgabe gesehen werden. Hieraus ergeben sich vier Auslegungsmaßstäbe: Die Verhinderung eines Kostgängerwesens, die Flexibilisierungsfunktion zur Stabilisierung des bundesstaatlichen Finanzausgleichs, die selbständige Handhabbarkeit durch den Bund und der Ausnahmecharakter. Auf Basis dieser Maßstäbe und aufgrund der weiteren Erwägungen des Verfassunggebers wurden sodann konkrete verfassungsrechtliche Voraussetzungen zur Erhebung einer Ergänzungsabgabe ermittelt, die zur Prüfung der Verfassungsmäßigkeit des derzeit gültigen SolZG 1995 herangezogen wurden.

1. Verfassungsrechtliche Voraussetzungen zur Erhebung einer Ergänzungsabgabe

Die Herausarbeitung finanzverfassungsrechtlicher Erhebungsvoraussetzungen für die Ergänzungsabgabe erfolgte in erster Linie aufgrund der Historie und der Systematik der Finanzverfassung. Neben den genannten Maßstäben, die insofern auch das spezielle Problem adäquater Finanzausstattung im Bundesstaat im Blick haben, wurde auf die expliziten Erwägungen des Gesetzgebers zurückgegriffen. Dabei kommt den Voraussetzungen in Bezug auf die Erhebungsdauer, die Höhe sowie den Zweck besondere Bedeutung zu, da hier der Ausnahmecharakter im Vergleich zu den „regulären" Steuern am deutlichsten zur Geltung kommt und sie insofern die besondere Stellung der Ergänzungsabgabe im System der Finanzverfassung hervorheben.

I. Kernthesen zu Höhe, Dauer und Zweck der Ergänzungsabgabe

Die Arbeit hat die drei Kernthesen einer Begrenzung der Höhe und Erhebungsdauer sowie des Erfordernisses eines Erhebungszwecks bestätigt, die die Ergänzungsabgabe von anderen Steuern signifikant unterscheiden. Diese Erhebungsvoraussetzungen wurden jeweils zunächst in ihrer grundsätzlichen Existenz bestätigt und sodann konkretisiert:

Die Ergänzungsabgabe unterliegt einer verfassungsimmanenten Begrenzung der Höhe nach. Diese dient vor allem der Verhinderung eines Kostgängerwesens der Länder gegenüber dem Bund durch die Verhinderung einer Aushöhlung der Einkommen- und Körperschaftsteuer. Die zulässige Höhe (in Bezug auf die festgesetzte Einkommen- und Körperschaftsteuer als Bemessungsgrundlage) beträgt 10 %. Diese Höchstgrenze ergibt sich aus wirtschaftlich ähnlich wirkenden, konjunkturpolitischen Zuschlägen, bei denen der einfache Gesetzgeber diese Grenze gewählt hat.

Die Erhebung einer Ergänzungsabgabe ist nur bis zu einer Dauer von höchstens fünf Jahren zulässig. Das Erfordernis einer zeitlichen Begrenzung ergibt sich aus dem historischen Zusammenhang der Ergänzungsabgabe mit den Inanspruchnahmegesetzen, dem Ausnahmecharakter der Abgabe und den Erwägungen des Verfassunggebers. Die Begrenzung auf fünf Jahre folgt daraus, dass ein solcher Zeitraum haushaltsrechtlich als prognostizierbar gilt, der erforderliche Mehrbedarf demnach ausreichend gesichert vorhergesagt werden kann. Gleichzeitig trägt dieser Zeitraum dem Gedanken der selbständigen Handhabung der Abgabe durch den Bund Rechnung und gewährt einen ausreichenden Spielraum.

Die Erhebung einer Ergänzungsabgabe erfordert einen über die Finanzierung des allgemeinen Haushalts hinausgehenden Erhebungszweck, an den allerdings keine hohen Anforderungen zu stellen sind. Es kommt in erster Linie darauf an, dass ein finanzieller Mehrbedarf auf Seiten des Bundes besteht und dargelegt wird.

II. Weitere Voraussetzungen

Die übrigen analysierten, spezifisch finanzverfassungsrechtlichen Voraussetzungen wurden vor allem deshalb behandelt, weil in der Literatur in der einen oder anderen Form Zweifel an bestimmten Aspekten des Solidaritätszuschlags bestehen. Signifikante Unterschiede zu den regulären Steuern bestehen nicht. Die Gesetzgebung über die Ergänzungsabgabe steht dem Bund zu, da dieser auch die alleinige Ertragshoheit innehat. Die Zustimmung des Bundesrates ist nicht erforderlich. Die Ergänzungsabgabe muss tatbestandlich, in Abgrenzung insbesondere zu Sonderabgaben, als Steuer ausgestaltet sein. Eine Zweckbindung des Aufkommens ist in den verfassungsrechtlichen Grenzen möglich, aber nicht notwendig. Als eigenständige Steuer erfordert die Ergänzungsabgabe zwar die gleichzeitige Erhebung der Einkommen- und Körperschaftsteuer, eine Bindung an das System dieser Steuern ist jedoch abzulehnen. Für die Bemessungsgrundlage ist ausschlaggebend, dass die Ergänzungsabgabe an das Einkommen anknüpft. Die Abgabe kann insofern als Zuschlagsteuer erhoben werden oder direkt vom Einkommen. Es ist stets nur eine Ergänzungsabgabe zulässig.

2. Verfassungsmäßigkeit und Zukunft des Solidaritätszuschlags

Für das derzeit gültige SolZG 1995 ergibt sich aus den hergeleiteten Voraussetzungen aufgrund der zu langen Erhebungsdauer eine Verfassungswidrigkeit. Das SolZG ist nach der hier vertretenen Auffassung mit Ablauf des Veranlagungszeitraums 1999 verfassungswidrig geworden, da zu diesem Zeitpunkt die Höchsterhebungsdauer von fünf Jahren erreicht war. Weitere (finanz-)verfassungsrechtliche Probleme sind nicht ersichtlich, da das SolZG die Voraussetzungen in Bezug auf die Gesetzgebungskompetenz, die Ertragshoheit, die Steuereigenschaft und das Verhältnis zur Einkommen- und Körperschaftsteuer, die jeweils auf die eine oder andere Weise angezweifelt wurden, einhält. Auch gegen die Höhe der Abgabe bestehen, weder in Bezug auf den derzeit gültigen Satz von 5,5 % noch hinsichtlich des ursprünglichen Tarifs i.H.v. 7,5 % Bedenken. Als problematisch könnte der Erhebungszweck angesehen werden. Zwar lag bei Einführung des SolZG unproblematisch ein finanzieller Mehrbedarf des Bundes vor, der auch entsprechend benannt wurde. Allerdings sind die unmittelbar mit der Wiedervereinigung in Zusammenhang stehenden Kosten mittlerweile weitgehend weggefallen. Hier reicht allerdings aufgrund der geringen Anforderungen an den Zweck aus, dass die Politik weiterhin auch einen mittelbar mit der Wiedervereinigung verknüpften Mehrbedarf sieht, etwa aufgrund gestiegener Verschuldung. Dies verdeutlicht allerdings auch die Notwendigkeit einer vom Erhebungszweck losgelösten Höchsterhebungsdauer, da sich ein finanzieller Mehrbedarf zumindest mittelbarer Art stets begründen lässt.

In Bezug auf die Zukunftsperspektive des Solidaritätszuschlags wurden verschiedene Szenarien zur Integration dieser Ergänzungsabgabe in die Einkommen- und Körperschaftsteuer behandelt. Verfassungsrechtliche Bedenken bestehen weder gegen eine Integration unter gleichzeitiger Absenkung der Tarife, noch gegen eine erhöhende Integration. Sollte eine solche Maßnahme politisch gewünscht sein, so handelt es sich hierbei auch um eine rein politische Entscheidung.

Diskutiert wurden zudem Möglichkeiten zur Umwidmung des Solidaritätszuschlags, also die Erhebung zu einem anderen Zweck. Eine solche Umwidmung muss ausdrücklich in einer Gesetzesbegründung erfolgen. Dies kann im Wege der Änderung eines bestehenden Gesetzes erfolgen oder durch einen Neuerlass. Im zweiten Fall handelt es sich allerdings nicht um eine tatsächliche Umwidmung. Die in der Öffentlichkeit vorgebrachten und dort diskutierten Zwecke sind in der Regel nicht besonders ausgereift. Bei der verfassungsrechtlichen Beurteilung wurde insofern auf die zur Verfügung stehenden Informationen zurückgegriffen, wobei deutlich wurde, dass die Problematik bei der Beurteilung solch unkonkreter Vorschläge vor allem darin liegt, inwiefern diese Vorschläge tatsächlich einen finanziellen Mehrbedarf des Bundes bewirken oder eigentlich Länderaufgaben betreffen. So erscheinen ein „Flüchtlingssoli", ein „Bildungssoli" und ein „Infrastruktursoli" nach den hier vorgestellten Konzeptionen als nicht zulässig, da sie in erster Linie die Länder betreffen. Ein „Griechenlandsoli" und ein „Bundeswehrreformzuschlag" erscheinen grundsätzlich verfassungsrechtlich machbar, da die intendierten Finanzierungszwecke einen finanziellen Mehrbedarf vor allem des Bundes begründen.

Die von der sog. „Großen Koalition" für den Veranlagungszeitraum 2021 geplante Teilabschaffung des Solidaritätszuschlags begegnet für sich genommen keinen Bedenken bezüglich der herausgearbeiteten Kriterien. Insbesondere stellt die durch die Teilabschaffung mittelbar bewirkte Verschärfung der Progression keinen Verstoß gegen die Zustimmungspflicht bei der Einkommen- und Körperschaftsteuer dar. Die Ergänzungsabgabe ist eine kompetenziell selbständige Steuer, deren Erhebung gerade keiner Zustimmung durch den Bundesrat bedarf. Anders wäre der Fall zu beurteilen, wenn der Gesetzgeber bei einer Teilabschaffung erkennen ließe, dass ein konkreter finanzieller Mehrbedarf des Bundes aufgrund der Wiedervereinigung nicht mehr vorliegt und keine Umwidmung vornimmt. Dann fehlte es an einer sachlichen Rechtfertigung des Solidaritätszuschlags im Sinne eines Erhebungszwecks. Verfolgt die Teilabschaffung lediglich die Intention der Verschärfung der Progression, so stellt dies keinen zulässigen Erhebungszweck dar.

www.ingramcontent.com/pod-product-compliance
Ingram Content Group UK Ltd.
Pitfield, Milton Keynes, MK11 3LW, UK
UKHW021132041026
8980IPUK00034B/1733

9 783631 791752